结构性思维

解决复杂问题的方法论

刘劲 著

浙江大学出版社
·杭州·

图书在版编目（CIP）数据

结构性思维：解决复杂问题的方法论 / 刘劲著. —杭州：浙江大学出版社，2023.3
　　ISBN 978-7-308-23435-1

Ⅰ.①结… Ⅱ.①刘… Ⅲ.①中国经济—经济发展—研究 Ⅳ.①F124

中国版本图书馆 CIP 数据核字（2022）第 251656 号

结构性思维：解决复杂问题的方法论
刘　劲　著

策　　划	杭州蓝狮子文化创意股份有限公司
责任编辑	罗人智　吴沈涛
责任校对	陈　欣
封面设计	郭张洁勇
出版发行	浙江大学出版社
	（杭州市天目山路148号　邮政编码310007）
	（网址：http://www.zjupress.com）
排　　版	杭州青翊图文设计有限公司
印　　刷	杭州钱江彩色印务有限公司
开　　本	710mm×1000mm　1/16
印　　张	16.75
字　　数	214千
版 印 次	2023年3月第1版　2023年3月第1次印刷
书　　号	ISBN 978-7-308-23435-1
定　　价	72.00元

版权所有　翻印必究　印装差错　负责调换
浙江大学出版社市场运营中心联系方式：0571－88925591；http://zjdxcbs.tmall.com

自 序

我本科时读的是生物专业，该专业是当时中国科学技术大学颇受学生追捧的专业之一。该校生物专业之所以受追捧，一是因为20世纪80年代末生物学被认为是"21世纪的科学"，最有前途；二是因为中科大生物专业的大部分学生毕业后能拿到全额奖学金到国外继续深造；三是中科大女生奇少，数学专业、物理专业几乎没有，而生物专业居然每届有十几个，居全校之首！

但我很快就发现我这辈子和生物无缘。我虽然上了很多生物课，但记住的东西不多，做实验就更是没谱，经常达不到老师的要求。所以后来我初到美国的辛辛那提大学留学时就转到了化学系。倒不是因为喜欢化学，而是因为化学离生物最近，要补的课最少。

结构性思维：解决复杂问题的方法论

但学化学也是好景不长，只是勉强读了两年。如果当时没有签证和奖学金的问题，估计两年也坚持不下来。至于我后来转到工商管理，其实有很大的偶然性。一方面是因为当时我的两个最要好的朋友都是经济系的博士生，正试图从经济系转学到商学院去，给我介绍了各种读商学院博士的好处。另一方面是因为我不小心，在实验室弄出一个化学废料瓶的大爆炸。炸蒙后我很快就意识到，我这种性格，这辈子和任何危险物质打交道都是极其错误的。后来我和两位经济系的高才生一起报考商学院的博士班，没想到我的结果却是最好的，进了哥伦比亚大学。其实我当时没有任何经济学或商学的背景，唯一的优点可能是考试成绩更好些。到了哥大读博士，对于课堂里和研讨会里讨论的各种经济模型，我感到兴趣浓厚。把复杂的经济现象简单化，用一个数学模型来分析，再用一个小故事来表达，对我来说，既是玩耍，又是娱乐，完全不是工作。同时，和经济系相比，商学院的知识有很强的应用性，可以直接用来分析企业和市场，非常接地气。

现在想起来，当年逃离生物、化学，可能就是因为我的思维习惯不符合这些学科的要求。

我的记忆力很普通，甚至有些差，但分析和抽象思维能力出众，这点在中学时期就表现出来了，到了本科和研究生阶段，就越发明显。因为这两种能力的相对差异，所以我在学习知识、看问题时自然而然地会偏重分析而避免记忆，渐渐就养成了一个思维定式，就是在任何时候都会用抽象思维先把事物过滤一遍，把重点提出来，然后忘掉细节。从小到大，我在上课时从来不记笔记，而是一双眼睛一直盯着老师和黑板。倒不是懒惰，

自 序

而是因为无法一心二用。如果记笔记，就必须停止思考，下课后一般就一无所知。

生物、化学这样的学科很注重细节，但经济、管理类的学科，重要的是一些理念和核心结果，如果能通过抽象思维理解这些重要内容，并在头脑中把这些内容再搭成一个结构，就可以解决很多现实或研究中遇到的问题。这正好是我的比较优势。

我把这种思维方式叫作"结构性思维"，本书的前言就在系统地讲这个东西。结构性思维有点像现在的人工智能系统。思维的过程就是不断地建立算法、提高算法的质量。数据进来，算法走一遍，产生质量更高的算法；然后数据再进来，算法再走一遍，产生更新更强的算法……这个过程的一个特点是，虽然遇到的问题和数据千变万化（因而必须有很多子算法来一一对应），但是最终会产生一个整体架构，我称之为"超级结构"。这是一个跨学科、多维度、对所有现实现象都适用的统一的思维体系。随着数据的增加，经验的积累，算法会更新迭代，这个"超级结构"也会不断增大。

另一个特点是这种思维方式适用于任何场景。你可以把它用到生活和工作中的任何时候，对任何事物进行观察和分析。比如，当我走进一家餐馆，我的第一反应不是看这里有什么好吃的，而是习惯性地看这家餐馆的生意怎么样，顾客就餐的氛围如何，装潢、服务上有什么特点，然后再把这些信息都放到"超级结构"中过一遍，试图分析此餐馆的"商业模式"，看看是否能用一个模型让所有的信息实现逻辑自洽。如果是，那么什么事都不用做；如果不是，那就要思考是否需要修改这个模型，或者需要加入

结构性思维：解决复杂问题的方法论

哪些因素才能让模型具有更强的解释力。在大部分时间里，你会找到一两个开始没被观察到的现象，属于观察失误；在个别情况下，你发现是思维架构本身的问题，所以就要对架构进行修改。所有这些思想活动耗费的时间，一般不会超过两分钟。一旦养成习惯，当你拜访任何一家企业、会见任何一个客人、遇到任何一件新鲜事，都可以把这个架构拿出来过一遍。

算法的提高和数据量有直接的关系。我个人遇到的问题不仅是记忆力有限，还有阅读速度也不快。缓慢的阅读速度自然会限制获取数据的速度。要解决这个问题，我的方法是大幅提高数据的质量。在学校里做研究，我的学生、同事们往往每天都在阅读大量的研究文献，试图发现现在最"火"的研究是什么。我却会花绝大多数时间去读社会科学各领域的经典书籍，原因是这些经典书籍里面的信息质量实际上大大超过了绝大多数的所谓前沿论文。如果能把这些经典书籍中的知识消化掉，"超级结构"就可以被迅速搭起来，而且是高质量的。多年来，我采取了一种螺旋式的策略，先从财务、金融出发，到经济的各个子领域，再到社会科学的各个分支，比如心理学、政治学、社会学，最后再回到三十年前逃离的自然科学。

建立这样一个思维架构有很多好处。最大的一个是可以比较迅速地洞悉现实事物的本质，用比较全面的视角来看问题。用这个架构，看研究论文只需要先看引言，知道它想说什么，和脑子里的"超级结构"进行比较，看有什么区别，然后就直奔数据和运算过程，看看这些部分是否正确。论文中间的部分先不用细看，因为信息含量相对较小。在这个过程中，只有三种问题最为关键。

自 序

问题一：文章的"故事"是否合理，是否和"超级结构"相抵触？

问题二：文章的数据和运算是否符合逻辑？

问题三：文章的数据和运算是否与其"故事"自洽？

在上述三个问题中，第二个问题是基础，如果过不了数据这一关，研究论文就没有任何价值。过了这一关，第二关是问题三。如果问题三的回答是否定的，研究论文就需要修改，"故事"必须符合数据，不能凭空发挥。但是，最后判定研究论文是否优秀实际要看第一个问题。"故事"和"超级结构"完全符合的研究虽然正确，但没有新意。能够弥补、修改、扩展"超级结构"的研究是最有价值的。

建立这种思维架构的另一个好处是可以在研究上产生比较高的创造力。社会科学的学术研究实际上就是要在整个学术界建立一套思维架构，架构的主要节点是重要的理论和对核心问题的基本判断。很多人做研究想不出好的题目，是因为方法不对。如果用结构性思维，打造了一个"超级结构"后，要获得研究的创意只需要把整个思维架构都过一遍，哪里缺斤、哪里少两就显而易见了，而有欠缺的地方就是最该研究的课题。所以创意实际上不见得是无中生有的创造，而是经过严密逻辑思考后的必然结果。不难看出，最优秀的创意是原先思维架构里没有的新理论、新节点。从某种意义上讲，这些才是真正有创造性的、能够彻底改变人对世界看法的创意。

对于经济和管理的研究，如果从读博士算起的话，我已经做了快三十年了。前期基本在美国，后期基本在国内。

前期在美国的研究内容主要聚焦在资本市场、公司财务和价值投资

结构性思维：解决复杂问题的方法论

上。研究对象都是美国的公司和美国的资本市场。因为有了结构性思维，做研究就比较顺利，没有遇到过长时间没有产出的情况。首先是创意比较多，从结构性思维中可以获取源源不断的新想法、新思路。其次是结构性思维让我在做大多数研究时，从一开始就可以在脑子里产生一个清晰的框架，知道研究的重要性在哪里，理论基础在哪里，以及实证研究的关键点在哪里。往往研究还没有开始，引言就可以写出来了。有这种思维，我在跟同事们合作时就比较受欢迎，因为做研究最大的问题就是不确定性，而在"超级结构"的指引下，不确定性会大大降低，效率会大大提升。至于做出的研究价值有多大，这个比较难说，并且一定要让别人来说，而不能自己评判。但如果用大家常用的"引用指数"来评价，应该还是可以的。从2015年起，爱思唯尔公司运用全球权威的引文与索引数据库Scopus制作"中国高被引学者"榜单，我常年名列其中，说明这些论文还是有一定的国际影响力的。

  后期回国以后，我的研究兴趣逐渐有了一个很大的改变。和美国相比，中国的社会、经济、市场问题都太复杂、太独特、太有意思了！我发现，对于来自现实的问题，结构性思维同样有很大的发挥空间。从某种角度来看，来自现实的问题甚至比纯学术的问题更适合用结构性思维来解决。这是因为现实问题一般是复杂的，十有八九是多学科、多维度的问题，并不适合用一个学术流派的单一理论来解释，但结构性思维就非常适合。

  这本书收集了我近些年公开发表的大多数针对时事写的分析文章。除去最重要的关于思维方法的讨论，我把这些文章分为五类。

自　序

第一类讨论社会问题，内容包括对假新闻、创新、教育等问题的分析，寻找这些问题的底层逻辑。

第二类讨论关于中国经济的一些核心问题，比如，内需不足、零利率、碳中和等。每一篇文章都是基于我做过的研究课题，无论是观点还是结论都属于原创。每个问题都有其独特性，但我使用的分析方法都是基于结构性思维。

第三类讨论金融与股市。这些内容和我的学术研究最为接近，包含对资本市场监管、金融创新、改革发展、系统性风险控制等多方面的论述。其中多篇预测性的文章，比如在2007年对股市泡沫的判断、2014年对P2P市场将会崩盘的预判，以及2015年对股灾及政府救市效果的判断。这些预判经过后来的事实验证都是正确的。这些文章的价值，在刚发表时是其前瞻性对实践的指导，事后则让人们能够理解这些事物的底层逻辑。世界在变化，但事物底层的结构性逻辑是不变的。

第四类讨论一些管理问题。这些管理问题源自我和创业者、企业家们的近距离接触。从2015年到2021年，我在长江商学院做了两个课程项目。一个是"创业创新社区"（简称创创），是我领头找校友一起发起的创业加速器。这个项目相当成功，在几年时间里我们培训了近700名创业者，其中独角兽企业有三十几家。另一个项目是"企业家学者项目"（DBA），这是和新加坡管理大学合作的高端教育/博士项目。参与到项目中的企业家层次很高，有将近一半所属企业是上市公司或者具有相当规模。在管理这两个项目的过程中，我跟创业者、企业家们有很多深层次的互动和交流。这些文章是针对他们提出问题的一些系统性思考。

结构性思维：解决复杂问题的方法论

  第五类讨论产业和投资机遇。这方面的研究占据了我平日大部分的工作时间。本书收录了几篇具有代表性的文章，其中包括对互联网、房地产、软件、新能源汽车等行业的分析。

  在这里，我必须感谢我的合作者们。没有他们，有的研究根本无法完成，有的即使能完成也无法达到目前的质量。其中，我研究团队的两名长期合作者，段磊和陈宏亚，在这些研究中做出了特殊贡献，也是多篇文章的联合作者。于艾琳、张凤婷也在近两年有了长足进步，对我的研究有很大帮助。

  最后，最诚挚的感谢送给妻子、儿子、女儿、爷爷、姥姥，是你们无私的爱让我的世界充满了温暖。

前言

天下医生很多，但神医不多；学者很多，但大师不多；管理者很多，但杰出的企业家不多。无论是行医、做学问还是做管理，都是在做复杂的事情。

为什么大多数人遇到瓶颈后止步不前，但有的人能突破羁绊上升到另外一个层次？我认为，除了努力、天资、运气等因素外，优秀的人往往有独特的方法论。

简单问题与复杂问题

整体来看，世界上的问题可以分为两类：简单的和复杂的。

简单的问题不需要太多思考，人们看到问题马上就能给出解决方法，结果即使不是百分之百正

结构性思维：解决复杂问题的方法论

确，也会八九不离十。简单的问题之所以简单，是因为其所涉及的因素往往非常有限。

复杂的问题则牵涉多种因素。复杂的问题之所以难解决，首先是因为人们不知道是哪一种，或是哪几种因素在起作用；其次是因为不知道起作用的因素之间是怎样关联、怎样互动的；最后是因为不知道系统的稳定性是否会随着环境的变化而变化，以及影响因素之间的关系是否会发生变化。

简单的问题需要稳定的环境条件才能保持简单。不稳定性和不确定性会让简单的事情变复杂。就像人走路，极其简单；一旦换个环境，走到冰面上，复杂度就会大幅上升；如果是走到湖中间快化的薄冰上，复杂度就会进一步上升；假如再加上七级大风和漫天的大雪，那就极其复杂了。

经济和商业问题一般都是复杂问题。从某种意义上讲，经济问题比生物问题还复杂，因为生物是研究个体，但经济是研究很多人在一起的整个体系，复杂程度是单个个体的N倍。经济问题离不开经济理论，但除了经济学以外，其他学科对于分析经济问题也有重要的指导意义。

例如与重要国家之间关系的变化、社会潮流的变迁（比如生育意愿）、科技方面的突破等，都会对宏观经济起到重要影响。所以，宏观的事情都是复杂的事情。

到了企业的微观层面，企业家会面临战略、组织、运营、财务、金融、营销、IT等不同方面的问题；同时，公司的业绩也受到来自国际市场、国内政策、行业环境等外部因素的影响。所以公司要想基业长青，有持续性增长，就需要在这一复杂体系中找到突破口，增强竞争力。

前 言

一个有效方法论

面对复杂问题，我们如何下手？

一个企业家，如果不能从复杂烦琐的经营环境中找到影响公司价值的决定性因素，肯定是做不好企业的。一个国家，如果不能正确理解决定经济持续性增长的主要因素，其采取的策略就可能导致长期的经济停滞乃至衰退。

如果比较一下成功的企业和失败的企业、成功的国家和失败的国家，我们不难看到失败是常态，而成功往往是个例。为什么成少败多？原因在于，正确处理复杂的事情是件不容易的事情。

结构性思维是解决复杂问题的一个有效方法论。如何建立结构性思维？

首先，结构性思维一定是跨学科、多维度的。为了解决现实生活中的经济问题，从理论基础上讲，结构性思维要求我们对所有对经济活动有一定影响的学科都有所了解。

所以，建立结构性思维的第一个要求就是知识面要广，太"专"的专家是无法担负起解决复杂问题的主导责任的。一个公司的会计，账记得再准确，离CFO也有很大距离，因为他不知道手里的账本和财务的其他职能之间的关系。CFO的财务水平再高，离CEO也有一定距离，因为他不知道财务和公司其他职能部门之间的关系。公司里层级越高的决策者，需要越广的知识面。

这么多学科知识，每门细挖起来信息量都极其庞大，一个人怎么可能

结构性思维：解决复杂问题的方法论

全部掌握呢？因此建立结构性思维的第二个要求就是需要在学习每一门科目的过程中，取其精华，去其糟粕，把重要的、结构性的知识点保留下来，同时把次要的、特殊的知识点忘掉。为什么要把学到的知识忘掉？原因很简单，人脑的存储容量和运算能力是有限的，我们要记住一些事情、处理一些事情，就必须通过忘掉其他的事情，腾出精力。不能忘记没有用的东西就不能记住有用的知识。这个过程是一个抽象的过程，是一个把书变薄的过程。就像经济学，抽象到一定程度，可以分为宏观经济学、微观经济学；如果继续抽象，到了最抽象的程度，实际就是一个数学问题：如何在资源有限的情况下追求最大化？至于追求的是什么，资源都有哪些，要具体情况具体分析。

有了每一门学科带来的结构性知识点，我们就需要把所有这些知识点都关联起来，建立一个"超级结构"，这也是建立结构性思维的第三个要求。在这个过程中，我们会发现学科之间实际上有很大的相关性。

比如，博弈论是经济学的一种基础理论，但可以广泛应用在诸多领域，既可以用来讨论党派之间的竞争，也可以用在国际关系领域，用来分析大国博弈、军备竞赛，还可以用在对公司的战略思考上，用来分析与竞争对手之间的各种博弈可能性。

一旦建立起"超级结构"，就需要时刻把它拿出来应用。遇到任何挑战，都应该把"超级结构"拿出来过一遍。

这样做好处很多。一是可以巩固"超级结构"在头脑中的新鲜度，时刻做出快速反应；二是运用"超级结构"可以保证我们看问题的全面性和准确性；三是我们建立的"超级结构"不可能全面，或完全正确，通过应对新问题、新挑战，我们可以发现"超级结构"中的偏差和漏洞，反过来修正"超级结构"。

  这个过程实际上和人工智能系统非常相似：系统的算法一开始以过往的经验知识为基础，或者通过大量实验数据建立起初步模型，然后我们把初始算法拿到实践中去检验，通过实践中的数据我们可以提高算法的准确度和稳定性，然后再拿到实践中去经受检验，无限循环。

  所以，结构性思维要求我们具备三种能力：跨界能力、抽象能力、组织思维能力。通过结构性思维建立起有效"超级结构"的思想者，和普通人比起来，往往可以迅速、全面地对复杂问题进行分析，并指出核心问题。然后，围绕核心问题寻找有效的新数据，不断逼近事物的真相。

  掌握结构性思维的人的一个特征是观点有很强的前瞻性。这些人并没有什么特异功能，他们的前瞻性来自对事物核心结构或底层逻辑的洞察。

  没有掌握结构性思维的人，在复杂问题面前，要么会没有头绪，要么会像苍蝇一样瞎撞，更不要说做前瞻性预测了。对于掌握结构性思维的人的表现，他们会惊叹其分析问题的速度和全面性，以为一定是天赋，岂不知最重要的其实是方法论。用合适的方法，人人都可以建立一个思想的"超级结构"。

目 录 CONTENTS

第一章　用结构性思维分析社会问题 … **001**

　　逆转生育率下降，办法有三个 … 003

　　群体判断：理性与谣言 … 014

　　如何像犹太人一样拥有超常的创新力 … 024

　　创新需要的生态系统是什么 … 028

　　共同富裕的底层逻辑 … 033

　　如何给孩子们减负 … 043

　　网络的逻辑 … 049

　　快乐和财富的秘密 … 053

第二章　用结构性思维分析变局下的中国经济 … **057**

　　为什么中国一定要做碳中和 … 059

　　经济的虚与实 … 071

零利率的经济学 074

需求不足，从哪里找 084

人民币的国际机遇 095

中国的外汇储备该怎样投资 099

海南的发展需要突破性思维 106

第三章 用结构性思维看清资本市场的运行逻辑 111

股市的素描 113

A股公司利润的高速增长可持续吗 119

牛市爆发危机的症结 125

金融创新：发行国家股票调节风险溢价 130

国家股票的进一步解释 135

反思P2P：潜在的金融危机 139

第四章 结构性思维视角下的管理问题 143

企业数字化改造的核心逻辑 145

企业家应该如何应对不确定性 150

老板，你为什么留不住人才 154

高尔夫球与企业管理 161

如何思考企业的社会责任 167

如何系统思考企业传承问题 172

如何培养领导力 177

目 录

第五章　用结构性思维分析行业与投资机遇 …………………… **183**

理解产业的三维视角 …………………………………………… 185

为什么说中国房地产有两个泡沫，而原因只有一个 …………… 190

芯片产业的经济逻辑 …………………………………………… 201

软件行业的底层逻辑 …………………………………………… 215

反垄断下，互联网巨头何去何从 ……………………………… 222

新能源汽车行业：是颠覆还是泡沫 …………………………… 230

新能源汽车估值泡沫何时会破 ………………………………… 242

第一章

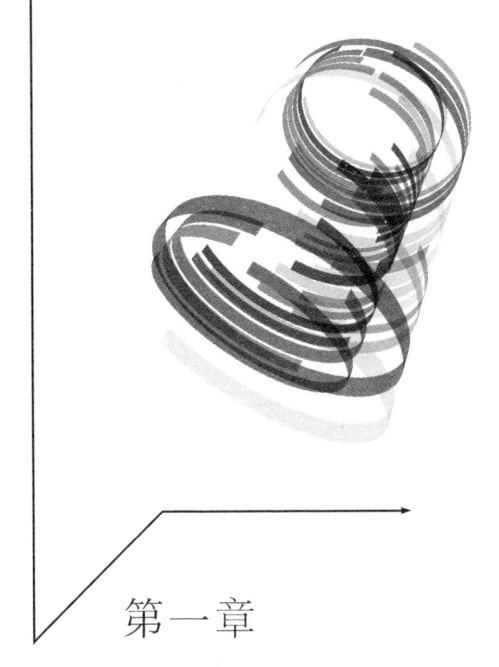

用结构性思维分析社会问题

逆转生育率下降，办法有三个

本文与祖一鸣合著。我们分析生育率下降的原因并试图提供扭转这种趋势的政策建议。我们发现生育给职业女性带来的直接成本和间接成本是造成生育率下降的主要原因。然而，由于这些成本的数额巨大，而大多数社会做不到对这些成本的有效补贴，所以生育率下降在中等发达国家和发达国家是非常普遍的现象。持续低迷的生育率对社会和经济有着极其重要的影响。

中国生育率在快速下降，但并非特例

人口老龄化是个巨大的社会经济问题。老龄社会成本高、负担重、缺乏活力、经济增长缓慢。影响老龄化速度的两个主要因素是人的预期寿命和生育率。预期寿命增加、生育率降低，人口的老龄化问题就会日趋严重。一般来讲，发展中国家预期寿命短、生育率高，所以人口结构就年轻，而老龄化是发达国家的一种标志性状态。由于预期寿命增长缓慢，所以实际决定国家老龄化程度的主要因素是生育率。

根据人口学理论，总和生育率需要达到2.1，即每位育龄妇女终生平均生2.1个孩子，才能达到世代更替水平，即下一代人口与上一代人口在数量上持平。2019年，中国的总和生育率已经跌至1.5，2020年更是跌至1.3。根据国家统计局的数据，2021年年末全国人口141260万人，比上年末仅增加48万人，离人口零增长只有一步之遥。但在新中国成立后的二十年间，中国的总和生育率曾高达6.4。根据世界银行的统计，1965年至1980年，中国的总和生育率从6.4一路降至2.6；20世纪80年代，中国的总和生育率经历了一段短暂的小幅回升；20世纪90年代，中国的总和生育率又开始迅速下降，至1993年已低于2.1。

为什么生育率会有如此大幅度的下降？虽然从20世纪70年代开始推行的计划生育政策起到了一定的作用，但从长期看，生育率下降实际上是经济和社会发展的必然产物，即使没有计划生育也一定会发生。其中一个例证是国家于2016年和2021年相继放开二孩和三孩生育，但收效甚微。现在的问题明显不是不敢生，而是不愿生。另一个例证是全球没有实行计划生育的国家同样经历了生育率的大幅下降。根据世界银行的统计数据，若将全球各国按经济发展水平分为低、中、高三个阵营，从1960年到2019年的60年间，每个阵营的总和生育率都呈现下降趋势。其中，低收入经济体的平均总和生育率从6.59降至4.57；中等收入经济体从5.60降至2.33；高收入经济体从3.03降至1.57。所以，生育率下降是全球性趋势，中国虽然下降速度快，但并非特例。

女性解放是生育率降低的核心原因

在现代社会，生育率降低，有两个方面的原因：不能生、不愿生。虽然在生育问题上男女都有份，但是女性占主导地位。因此我们如果要分析生育率的变化，就必须分析女性生育思维的变化；要分析女性思维的变化，就必须分析女性在社会中的经济和政治地位的变化。"妇女能顶半边天"在现在已经不仅仅是一个口号，更是铁打的现实。二战以后女性在政治领域和经济领域所取得的进步，使社会结构产生了翻天覆地的变化。其中，有三种变化对生育起到了决定性的作用：第一，女性获得更好的教育，社会就业参与度上升；第二，女性的经济自主能力有所增强；第三，职业女性的机会成本变高。

更好的教育和更高的社会就业参与度使生育更加困难

并非所有的女性都有生育的能力。即使身体健康的女性，进入20岁以后，伴随年龄增长，卵子的质量会逐步下降，进而导致女性的生育能力逐年衰减。有研究表明，20—24岁女性的一年期的自然受孕率为86%，到了30—34岁就降为63%，而35—39岁则为54%。因此，即使女性想生孩子，过了30岁以后就会有相当的挑战，每年能够自然受孕的概率只有一半多。通过几年的努力，"生"的概率很大，但"多生"就不容易，往往需要医学辅助。同时，随着社会的发展，人的社会和心理年龄普遍推后，虽然法定成年年龄是18岁,但二十几岁的成年人往往事业刚刚开始,经济上并不独立,普遍被自己、家庭和社会看成"孩子"。

随着社会和心理年龄的推后,女性的生育年龄也是一推再推。据OECD(经济合作与发展组织)的数据统计,2019年OECD成员国女性的平均生育年龄已高达30.5岁,一胎平均生育年龄也达到29.2岁。1970年到2019年,这些国家女性的平均生育年龄,从27.5岁提高到30.5岁。在韩国、日本、西班牙、意大利等国,女性的平均生育年龄更是高达32岁;在中国,女性的平均生育年龄也从1990年的25岁提高到2022年的28岁。因此,对大多数女性来讲,在无医学辅助的情况下,"多生"的可能性变得越来越小。

为什么会出现社会和心理年龄的推后?一个重要的原因是科学技术的进步,以及与之相匹配的人们受教育年限的提高。50年前,一个高中毕业生可以被看成一个"文化人",而现在大学毕业只是一个基础,到了硕士、博士才算高端人才。但同时,受教育年限的提高必然会推后人们进入社会工作的时间,本科推后4年,硕士推后2到3年,博士得推后3到5年。OECD的一组数据显示,2020年OECD成员国的青年女性(25—34岁人群)接受高等教育的比例已超过50%,与20世纪60年代出生的女性相比,平均提高了20个百分点;在高学历女性比重最高的韩国,2020年青年女性接受高等教育的比例已近80%,比20世纪60年代出生的女性提高了50个百分点;在中国,2020年20—24岁的女性接受高等教育(含大专)的比例已达57%,比55—59岁人群提高了50个百分点。

推迟生育的另外一个原因是受到更好教育的女性提高了社会就业的参与度。初入社会的年轻人,出于就业和其后稳定职业的考虑,必然会把大量的精力放到工作上，因此必然导致结婚年龄的推迟。1985 年至 2019 年，OECD 成员国 25—54 岁女性的劳动参与率从 62% 提高到了 74%。据中国民政部的数据，在中国登记结婚的人群中，30 岁以后结婚的比例从 2005 年的 20% 提高到了 2020 年的 46%。与晚婚相伴的通常是晚育，这一点在观念传统、不接纳非婚生子的亚洲国家体现得尤为明显，2019 年韩国女性的平均初婚年龄为 30.6 岁，相应地，韩国女性的一胎平均生育年龄为 31.6 岁。

更强的经济自主能力让女性重新思考婚姻与家庭

更好的教育、更高的社会劳动参与度使得女性的经济地位大幅提升，有了更强的经济自主能力。而经济独立，又使得旧时代"女性仰仗婚姻以获得经济保障"的生存方式彻底瓦解。当婚育不再是女性人生的必选项时，女性的"婚育观"也随之转变。女性在面对是否结婚、何时结婚、是否生育以及何时生育等问题时，有了自主选择权。女性婚育观念的变化，除了前面讲到的结婚年龄和生育年龄的推迟，还可以从结婚率降低、离婚率上升中窥见一斑。

根据 OECD 的相关统计数据，1970 年 OECD 成员国的平均结婚率为 8.2‰，1995 年降为 5.7‰，而 2019 年则进一步降低到 4.6‰。中国也不例外，《2021 年民政事业发展统计公报》显示，2011 年至 2020 年，中国的结婚率从 9.7‰ 降到 5.8‰，十年间结婚率快速降低了 40%。

女性教育、经济地位的变化与传统价值观念的矛盾是造成低结婚率的一个重要因素。我们在今天的婚恋市场观察到的一个特别现象是，发达国家的青年女性受教育程度普遍高于男性。例如，2020年OECD成员国25—34岁的女性高学历者平均占比为52%，而同龄男性高学历者占比仅为40%。在中国，根据《中国统计年鉴2021》的数据，2020年，在中国30—34岁人群中，女性高学历（不含大专）占比比同龄男性高1个百分点，而这一差距在20—24岁人群中则扩大到7个百分点，2020年中国处于婚育年龄的高学历女性人数比高学历男性多300万。

在女性高学历人数普遍多于男性的社会，如果女性遵循传统观念不肯"向下寻找"配偶，则会导致婚恋市场错位——高学历的"剩女"和低学历的"剩男"。中国2010年人口普查数据显示，当年30岁以上未上过学的男性未婚率高达15%，小学学历男性的未婚率为6%，而同等低学历的女性的未婚率均不足1%；在30岁以上的研究生群体中，女性的未婚率则达到10.9%，比同龄男性高2个百分点。

结婚率在下降，离婚率却在普遍上升。当女性经济能力增强，不再需要依靠婚姻和家庭来维持生活时，离婚也变得越来越容易，这一点在改革开放以后的中国表现得尤为明显。据国家统计局的数据，1985年至2020年，中国的离婚率从0.44‰一路上升到3.09‰，离结比（离婚夫妇对数/结婚夫妇对数）从5.6%上升到53.6%，也就是说，2020年当年全国每新增加两对结婚夫妇，便会增加一对离婚夫妇。1970年到2019年，OECD成员国的平均离婚率从1.4‰上升到了2.0‰，忽略欧美国家结婚率普遍偏低的影响，这些国家的离婚率提高了43%。

职业女性的机会成本

更好的教育、更高的社会工作参与度、晚婚、晚育、低结婚率、高离婚率都是造成生育率下降的重要因素。即使女性结了婚，也不见得愿意生或者多生。当代社会，生育会给家庭增加一笔不菲的经济开支，人们常常注意到的是养育子女的直接成本：生养费用，教育费用，日常消费，住房开支，等等。其中，教育和住房成本多年以大幅超过通胀的速度增长，让天下父母越来越难以承受。对于在大都市生活的普通家庭而言，生一个孩子往往要增加20%以上的生活成本，因此不生或少生就成了保障生活品质的首选项。但是人们往往忽视的是生育的间接成本，即父母，尤其是母亲为养育子女而承担的职业机会成本。

所谓的职业机会成本，是指因照顾子女而放弃的职业发展机会和更高的收入。美国专业薪酬调研机构PayScale的统计结果显示，职业女性的收入增长幅度在29岁之前实际上略高于男性，但之后增长率大幅下降，一生的峰值收入和总收入普遍大幅低于男性。对比男女薪酬峰值水平，男性薪酬峰值水平比女性高出43%。单独来看，女性薪酬峰值水平比22岁时增长了65%，而男性则增长了93%。对这种现象的自然解释是：女性通常在29岁后陆续开始生育，向雇佣者传递出无法完全投入工作的"负面信号"，职场晋升的机会也随之受阻，更多的机会被赋予了家务负担更少的男性，这就是所谓的职业女性的"生育惩罚"。为了规避生育惩罚，相当一部分高学历女性只能在事业和家庭之中优先选择前者。OECD的一组数据显示，2008年20个发达国家的25—49岁的女性中平均至少有30%居住在无子家庭，其中高学历女性的无子比例超过40%，比高中学历女性高10%。

这种"生育惩罚"的规模到底有多大？基于Payscale的数据，我们对美国中产女性整个职业生涯的生育机会成本做出如下测算：将中产女性35岁后薪酬曲线（35岁后男女增幅持平）替换成男性增幅曲线，按5%的贴现率将22—60岁的各年收入累计折现，则美国中产女性整个职业生涯的总生育机会成本高达32.9万美元。按照类似方法，我们也测算了新加坡和日本女性的职业生涯生育机会成本，新加坡为75.9万美元，日本为43.1万美元。因此，生育的间接成本是一笔不小的数额，和直接成本的规模在同一个数量级。

如何提高生育率？

前面的分析显示，女性在社会和经济中日益提高的地位使得家庭和生育的逻辑产生了翻天覆地的变化。当女性有了自由选择，她追求的是个人一生的幸福，生儿育女只是其中的一部分，她自然会比较儿女带来的快乐与儿女带来的巨大的直接成本和间接成本。在这种比较中，如果没有一个人（男性）或者一群人（社会）来帮助她消化这些成本，她做出的决定往往是不生或者少生。

正是由于教育和就业让女性不得不推迟生育的时间表，而生育的直接和间接成本规模巨大，因此生育率下降有着很强的惯性。那么社会和政府能做些什么事情来逆转生育率的下降？显然，任何社会都不应该也不大可能逆转女性解放的潮流（美国最近对堕胎的禁令是一个特例），不应该否定女性在教育和就业中争取到的权利和成就，更不应该剥夺女性在婚姻和家庭中争取到的平等权利。所以，根据我们前面的分析，社会和政府能做的事情就只有三件：第一，降低生育的直接成本；第二，降低生育的间接成本；第三，通过技术进步和法律改革让大龄妇女重获生育能力。

对生育的直接和间接成本进行补贴，肯定可以起到提高生育率的作用。但是，由于生育的综合成本很高，在发达国家往往在几十万美元的量级，因此如果补贴的力度相对较小，效果就会不明显。对于生育的直接成本的降低，政府利用经济补贴是最直接、最常用的一种方式。补贴形式包括育儿补贴、税收减免、住房津贴、为低收入家庭设立的专项补贴等。补贴制度完善的法国，对不同收入水平、不同孩子数量的家庭提供的补贴额度从每月几十欧元到几百欧元不等；在挪威，不满2周岁的婴儿如果不去公立托儿所，其家庭可以获得最高每月3000挪威克朗（约合人民币2111元）的现金补贴；在日本，从小孩出生到初中毕业，政府为家庭提供每月10000~15000日元（约合人民币491~737元）的育儿津贴；在新加坡，家庭每出生一胎婴儿，政府给予其一次性8000~10000新元（约合人民币41000~51336元）的奖励和一定的税收减免。这种补贴力度，从整个国家转移支付的层面看是一个不小的数字，但和前文所测算的家庭生育总成本相比往往显得微不足道，因此起不到立竿见影的效果。

在补贴力度上，欧洲的一些国家在降低生育的间接成本上做得更为彻底。一种做法是普及公共托育设施，降低女性的育儿成本，保障女性就业。瑞典、法国、丹麦等国的政府学前教育不仅涵盖3—6岁的儿童，也包括0—2岁的婴幼儿，形成了以公立机构为主，私营机构为辅的托幼体系，最大程度地降低母亲的育儿负担。法国、丹麦、瑞典等国的0—2岁的婴幼儿托育率高达50%，相比之下，中国的0—2岁的婴幼儿托育率不足5%。

此外，政府一般会为托幼机构提供公共补贴，家庭享受托育服务只需支付一小部分费用。为了保障女性的就业权利不受育儿影响，这些国家的生育假通常不仅包含孕期假，还有长达半年至一年的带薪育儿假。其结果是，瑞典、丹麦、法国等国不仅拥有较高生育率，而且母亲就业率在OECD成员国中也处于较高水平。

第二种做法是大力倡导性别平等观念，促进家庭男女育儿分工均衡。北欧的性别平等观念是其保持稳定生育率的重要因素。瑞典的父母可以共享480天的带薪育儿假；挪威的父母共享49～59周的带薪育儿假，其中至少10周的父亲配额育儿假不可转让给母亲。挪威统计局的数据表明，父亲使用育儿假的比例持续上升，照料子女和家务劳动的时间也呈上升趋势，这与生育率呈显著的正相关关系。

这些做法有没有用？答案是肯定的。瑞典、法国、丹麦近两年的总和生育率均保持在1.7以上，是欧洲生育率最高的一批国家。但我们同时需要注意的是，这种做法之所以起作用可能并非与其具体方式相关，而是和生育补贴的经济价值有关。法国、瑞典等国家为其社会育儿高福利均付出了很高的经济成本。2017年，法国的家庭福利支出（包含经济补贴、税收减免和托幼服务）占GDP的比重为3.6%，瑞典为3.4%，OECD成员国的平均水平为2.3%，而韩国和美国各不足1.5%。如果中国也实施与法国类似的政策，每年大约需要支出3.6万亿人民币，略小于目前的教育开支总和。

最后，一个成本相对较低，但社会效益明显的方法是通过科技进步和法律法规的规范，通过医学干预，让女性能够通过人工授精的方法保持高生育能力。这种方法并不能降低生育的直接成本或间接成本，但可以让因为教育、事业而不得不推迟婚育的女性在生育能力衰退以后仍然保持较高的生育能力,换句话说,是让"愿意生"但"不能生"变成"能生"甚至"能多生"。

我们已经进入一个低生育率的时代。为广大女性解决她们在生育问题上所面临的难题是一个重要且紧急的任务。

群体判断：理性与谣言

每个人都是有缺陷的，无法做到完全理性。很多人在一起，就形成一个社会，非理性的东西可以通过辩论排除，从而实现群体理性。群体理性是任何一个社会（无论是怎样的体制）有效运转的必要条件。谣言和假新闻会冲击社会的群体理性，互联网、社交媒体会成倍放大谣言和假新闻的破坏力，从而冲击现代社会赖以生存的信息基础。本文讨论谣言和假新闻的生成和传播机制，以及可以用来抵制它们的核心举措。

个人的判断机制：理性是脆弱的

世界很大，人很渺小。由于人的脑力资源极其有限，大多数人对世间

第一章 | 用结构性思维分析社会问题

的大多数事情其实并不关心。比如，很少有人真正去琢磨宇宙的起源、人类祖先的进化路径、市场经济的核心原理……真正能进入人们思考范围的，往往都有很强的实用性和紧迫性。比如，丈母娘要来如何表现，如何能在明年获得升职加薪，该如何投资，孩子上大学是该出国还是留国内，等等。

对于需要思考的事情，人们的判断机制其实都很相似：用模型对数据进行处理，然后产生结论。模型是一种相对学术的说法，另一种时髦的说法是算法。数据不见得是数字，也可以是文字、影像、声音、触觉、气味。在这里，数据和信息是等同的概念。

模型和数据是使人的思考有高下之分的重要原因。模型是人们通过长期的学习总结出来的。我们从小到大学的数学、物理、化学、生物、经济、政治，实际上都是由成千上万个模型构成的。这些模型既可以是像一元二次方程这样的公式，也可以是像进化论这种无法用数学表达的机制，还可以是像"市场经济是一般情况下解决供需问题最优的方式"这样的理念。所以，如果我们对模型掌握得不够全面、精确，我们的判断就会出错。此外，即使有了最好的模型，如果我们不能掌握最完整、最精确的数据，我们也无法获得正确的结论。

对所有的人来说，在大多数事情上，只要存在不确定性，我们就无法做到真正意义上的理性，因为我们的模型都有缺陷，我们的数据都不完全精确。或者说，理性是相对的，不是绝对的。能够意识到自己理性的局限性是件非常了不起的事情。古人言，"知之为知之，不知为不知，是知也"，说的就是理性的局限性。能够认识到"不知为不知"是更高层面的理性，但没有任何证据表明人们普遍具有这种更高层面的理性。大量的生物学和心理学研究发现人并不是像电脑一样简单地用模型和数据来进行思考的。人不是机器，而是生物体。我们除了理性思维，很多的决策、判断、行为受到情绪和感受的影响，或是荷尔蒙的驱动。这种情绪驱动的思维的最终目标不是获得最理性的判断，而是让我们感觉良好或者快速恢复平衡：当我们爱上一个人时，我们会忽视他/她的缺点，无限放大他/她的优点；当我们遇到挫折时，我们会从别人身上找理由，这样就不用直视难堪的自己；当我们面对危险，甚至死亡，但又无计可施时，我们很可能会相信神灵，从而使我们的心情迅速恢复平静。这些情绪驱动的思维，长时间下来，并不能给我们带来决策上的优势。但由于它能带来良好感受，再加上理性思维的获得需要付出常人无法接受的巨大的努力，因此，情绪驱动的思维一般会成为思维定式，在很多人的头脑里"安营扎寨"，与人共度一生。

总而言之，虽然为了决策的正确，人们都有获得理性思维的原动力，但是做到理性太难，所以非常遗憾，在很多问题上，人们只有"无知"和"自己骗自己"两个选项。

群体的判断机制：选择机制、大数定律与权威制衡

当人们聚到一起，形成一个群体或一个社会时，这个群体对事物的判断就跟个人有了很大的不同。首先，群体对事物的判断并不好度量，因为它不能用一个简单的数字来表述。由于人的思维的多样性，人们对事物的判断不仅是分散的，而且更可能是多峰值的随机分布。因此，我们很难用平均值、中值或最大概率值来对人们的判断做总结性的描述。其次，由于群体的共识要求每个人不仅需要知道自己怎么想，还需要知

道别人怎么想，甚至需要知道别人知道自己知道别人怎么想，所以即使对群体中每个人的思维都有一个很好的度量，我们实际上也无法做到十全十美，所以就产生了共识的不确定性。

共识的不确定性使群体在很多重要的事情上很难做到理性。举一个很简单的例子，非洲草原上的野牛群在跟比自己整体力量小得多的几只狮子的斗争中，如果它们有团结的共识，所有的牛都加入战斗，是可以战无不胜的。但由于缺乏共识，野牛群很难团结起来，在受到攻击时四散逃命，自然就变成了狮子嘴里的食物。为什么需要共识才能团结？因为对任何一头野牛来讲，只要它认为其他野牛不会战斗，那么它最好的策略就是逃跑，因为单个战斗一定寡不敌众。退一步说，即使一头野牛本希望战斗，但如果它对其他野牛知道它准备战斗这件事没有信心，那么它很可能也会选择逃跑。当所有的牛都这么想，都选择逃跑时，最弱或者跑得最慢的那个，自然就成了狮子嘴里的美食。动物是这样，人其实也一样。大家都知道英国人曾经对印度进行过殖民统治，但很多人可能不知道当时印度的统治者实际是英国的一家股份公司而不是英国政府，而参与统治的人才几万人。更有甚者，16世纪，当西班牙人征服美洲的阿兹特克帝国时，阿兹特克有几百万人，而殖民者只有数百人。

形成共识不容易，但群体判断相较于个人思考有一些优势。病人到医院看病，遇到疑难杂症时，能获得的最高礼遇可能就是专家会诊了。为什么是会诊，而不是由一个医生来看？如前文所述，个人很难做到理性，由于模型或数据的缺陷，其判断自然带有误差。但只要每个人的误差是随机分布而不是系统性的，那么把众人的意见加起来平均，每个人的误差都会互相抵消，得到的结果就是相对理性的。

大数定律实际上就是民主决策最重要的理论基础。小到家庭，中到公司、机构，大到国家，民主讨论解决的就是个人的判断误差问题。天下没有完全理性的人，任何人都会犯错误，只有民主讨论能够降低个人的必然误差带来的危害。

但民主讨论不见得给每人一票。实际上，在大多数情况下，给每个人同样的影响力并不是形成理性判断的最佳方式。如前面讲到看病的例子：人病了，为什么要看医生，而不是让亲戚朋友一起到家里来讨论一下再投票解决问题？很明显，相较于普通老百姓，医生对疾病有更强的诊断能力。老百姓认知的偏差可以互相抵消，但专业知识的欠缺是无论用多少人都无法弥补的。事实上，对于大部分人类遇到的复杂问题，包括所有的自然科学、社会科学以及应用技术，老百姓都无法自己解决，而需要依靠一小部分对这些问题有多年深入研究的专家。如果没有这些专家，人类绝大多数的知识创造和积累就不会存在。这里要强调的是这些专业知识并不局限于自然科学和技术，像经济、政治、心理等社会科学同样依赖专家们的研究和解读。

所以说，现代社会之所以可以从整体上取得很大程度上的理性，主要原因是依赖了一套专家系统。每个学科的专家都是撑起社会理性思维大厦的支柱。普通的老百姓对复杂事物的看法基本上不可能是通过自己的亲自调研而形成的，而是在专家们形成意见后学习来的。中国的那句老话"三个臭皮匠，抵个诸葛亮"到底对不对？实际上要看诸葛亮和臭皮匠的差距到底有多大。如果差距很小，那三个臭皮匠的智慧会超过诸葛亮；如果差距非常大，那这种说法就是大错特错了。

但专家们也是人，他们也一定会犯错误。古今名人，孔子、老子、释迦牟尼、苏格拉底、亚里士多德、柏拉图、马克思、亚当·斯密、达尔文、牛顿、爱因斯坦，没有一个是不犯错误的，而且会犯很多很大的错误。如何减少专家的误判？唯一的办法就是采用民主讨论的模式，让大家通过开放、透明的讨论来逐渐形成共识。在学术界，学术期刊就发挥了作为这种民主讨论平台的作用；在社会领域，严肃媒体也起着同样的作用。从某种意义上讲，学术期刊和严肃媒体起到的最核心的作用是提供了一种选择机制，没有获得被大家公认的专业能力的人是很难在这些平台上发声的。这些平台互相之间的制衡也极为重要。因为如果没有制衡而是一家独大，这些平台就会变为一言堂，从而无法对冲平台所有者不可能不犯的个人错误。这些错误既可能是因为个人认知的失误，也可能是由于利益驱动，故意为之。

从上面的分析不难看出，一个群体或者社会，要想把共识维持在一个较高的理性水平，必须建立一个能够筛选专家，并让其在相互制衡的情况下进行公开透明辩论的平台，这个平台越有效，群体的判断就越理性，社会就能更有效率，避免重大失误。

假新闻的出现：互联网对群体理性的冲击

谣言和假新闻的产生，有两种可能性：一种是因为造谣者误判，另一种则是利益驱使。由于大多数人在大多数情况下很难做到理性，因此误判是在所难免的。比如，有些人对外星人深信不疑，一看到天空中的一些由于自然或人为的独特现象就会将之归结为 UFO 造访地球；有些人信了这个神或者那个仙，自然会把自己经历的很多无法轻易得到解释的现象归结为神迹；如果对科学没有扎实的理解，当别人开玩笑声称美国国家航空航天局说 2020 年的某一天地球引力有独特的变化，会导致家里的扫把能自己立起来时，有人会深信不疑。但他们不知道的是，把扫把立起来这个事其实和引力变化无关。当这些人把自己的所见所闻以及明显错误的解释再传播给其他人时，谣言就产生了。

由误判驱动的谣言虽然很普遍，但一般并不会对社会造成过于负面的影响。而如果谣言是造谣者因为利益驱动而故意为之，其危害就一定会存在，而且有时候极大。这种受利益驱动的谣言数不胜数。一般来讲，造谣者都是有获利动机的社会机构或群体。比如，上市公司为了维持股价，可以人为做出令人眼前一亮的公司运营数据，为的是在融资时欺骗投资人，从而降低融资成本；政府官员为了执政业绩，也可能掩盖对本国或本地区不利的经济或社会状况；石油和煤炭企业，为了能长期生存下去，可能会雇用科学家"发现"碳排放与全球变暖毫无关系；烟草公司，为了增加收入，可以说抽烟可以预防 SARS 或新冠肺炎[1]；科学家，为了发表论文，可能会杜撰数据，伪造结果。

谣言往往都是很能抓人眼球的奇闻轶事，传播力很强。谣言的传播机制很像病毒，一传十，十传百。谣言最终是否能"感染"整个社会取决于以下几个因素。第一，谣言本身的迷惑性。简单的谣言往往不攻自破，复杂的、模棱两可的谣言就很有传播力。上市公司之所以经常有利润造假的行为，是因为要理解一家上市公司的经营状况本身就是一件很难的事情。

---

[1] 2022 年 12 月 26 日，国家卫生健康委发布公告，将"新冠肺炎"更名为"新冠感染"。——编者注

尤其当外部投资人和内部管理人之间存在巨大的信息不对称时，外部投资人往往不得不相信内部管理人杜撰出来的数据。第二，谣言的受众对谣言的鉴别能力。个人对事物的判断，需要借助正确的模型和大量的数据。因此没有受过良好教育的年轻人、老人及孩子往往是谣言的"易感"人群。第三，社会中由专家群体形成的精英层的权威性。如果权威性高，当谣言四起时，只需要他们出来公开辟谣就可以很快化解谣言，阻止谣言的进一步传播。但如果精英层失去了公信力，他们就失去了遏制谣言的能力。在这种情况下，政府有时就不得不用强制手段切断信息传播的途径，以此来阻止谣言的进一步传播。建立权威和公信力有两个重要因素：一是要求过硬的专业能力，没有专业能力就没有发言权。二是要意识到精英层里的各个群体，由于利益的不同，有时会把舆论当作追求利益的有效工具。因此每个群体都会有意无意地试图通过误导民众来追求群体利益。社会永远无法消灭个人或群体利益，目前看来，最好的办法不是完全消灭谣言，而是通过精英之间的制衡让误导大众的谣言受到其他群体的有效遏制。如果失去了制衡，一家独大，其他人就无法保证占据绝对主导地位的人能习惯性地实话实说。

互联网，尤其是互联网里的社交平台，是谣言传播的重要渠道。在互联网出现之前，人和人之间的沟通成本是非常高的。因此，社会的信息传播机制是中心化的，传统媒体扮演着信息中介的角色：新闻都必须经过媒体进行整理和消化，然后再传播给每个人。所以，前互联网时代的一些发达社会能依赖媒体的中介作用保持很高水平的理性。互联网社交平台的出现使人和人之间可以产生点对点的无延时的连接，而且这种连接是去中心化的。这种平台直接打破了旧的共识形成机制。由于点对点的连接，一个由利益驱动的造谣者可以在没有任何外界干涉的情况下跟"谣言易感人群"直接发生交流。这样谣言的传播就不是简单病毒式的一传十，十传百，而是直接传播给成千上万人。更为可怕的是"谣言易感人群"之所以易感，是因为在他们的思维中本来就有对此类谣言的认知偏差。这样，当他们受到谣言的全天候轰炸时，他们既没有能力，也没有时间和精力去寻找与谣言相悖的信息源对谣言进行分析。因此，他们就会在很长一段时间里，做谣言的奴隶。

这些互联网平台为什么不自发地去杜绝谣言的传播？利益使然。由于大部分互联网社交平台的商业模式是靠卖流量、做广告生存，平台上的用户越多、越活跃，平台的商业价值就越大。谣言可以带来更多的用户、更多的点击量，自然就成了这些平台最好的朋友。因此，在传播谣言这一点上，这些平台的商业利益和社会利益是完全相悖的。治理谣言，单靠这些社交平台自律是很难的。

应对策略：巩固民主讨论平台，提防互联网的负面作用

综上所述，我们看到维持社会的理性共识是一件非常困难的事情，但同时又是社会治理最重要的事情。没有绝对的真理，只有更好的判断。能够给社会带来理性判断的人是社会各个领域的专家群体。在专家群体里建立民主讨论平台是形成社会理性共识的最佳手段。

谣言和假新闻是社会维持理性共识的最大敌人。要杜绝谣言，最根本的方法是通过教育提高民众的"免疫力"。让社会里的每一个人都变成专家学者是不可能的，但教育能做的一件最重要的事情就是提高民众的科学

思维能力。科学就是一种思维方式，这种思维方式的根本表现形式是批判性思维，不轻信，不盲从，一切由数据说话，一切以逻辑为出发点，坚持实践是检验真理的唯一标准。要杜绝的是用感情说话，以权压人，用利益诱导，坚持"我的就是好的"这种愚昧的自信。

互联网是一把双刃剑，一方面，它使人们获取信息的成本降到最低，使人们能够更容易地获取正确信息；另一方面，它使造谣者有了一个无比强大的传播平台。要降低这种负面效应，专家群体需要巩固公信力。此外，互联网社交平台必须肩负起自己的媒体责任，通过各种方式杜绝谣言的传播。同时，由于社交平台的商业利益和社会利益存在一定的矛盾，因此社会必须通过舆论、竞争或监管让社交平台对谣言的传播付出代价。否则，互联网虽然给人们带来了生产和生活上的便捷，但会对社会理性共识的维持带来致命性的破坏作用。

如何像犹太人一样拥有超常的创新力

> 犹太人的创新能力在世界上是首屈一指的。是什么因素塑造了这样超常的创新力？本文认为不是智商、不是财富，而是体制和文化。

如果我问你，世界上创新能力最强的地方是哪里？你如果回答"硅谷"就对了。如果我问你，世界上人均创新能力最强的地方是哪里？你如果回答"硅谷"，那就错了，是以色列。

犹太人是一个了不起的民族。截止到2017年年底，全世界的犹太人总共不到两千万，占世界总人口不到千分之三，却出了近两百个诺贝尔奖得主（和平奖除外），占整体的百分之二十左右。

有人说，犹太人之所以能创新是因为遗传，犹太人的基因决定了他们的智商过人。但这种说法其实根本站不住脚。诚然，有个别研究发现犹太人在智商测试中的平均成绩高一些。但标准的智商测试受到很多因素的影响，比如家庭收入、教育水平等。犹太人的平均收入和教育水平高一些，智商测试的结果自然就应该更好一些。此外，从遗传的角度上讲，其实犹太人（尤其是以色列的犹太人）和中东其他国家的民族在血缘上非常相近，没有理由认为犹太人比这些邻居们更有基因优势。

我们中国人不一定比别人更聪明，但我想肯定不比别人笨。举例来说，自1959年举办国际数学奥林匹克竞赛以来，中国选手斩获近百分之四十的金牌。如果什么都用智商解释，那咱们中国人一定是世界上最聪明的。

对于这一点，我有很深的亲身体会。在我回国到长江商学院工作之前，我在美国的哥伦比亚大学读书然后到加州大学任教。在这两所学校里，很多老师和同事是犹太人。我从来没感觉到这些人和我们中国人在智商上有任何区别。反而，我觉得我一辈子遇到最聪明的人是我的本科同学，也就是中科大的同学，尤其是少年班的那些十三四岁就上大学的小孩，真的是非常聪明。但和犹太人不同的是，我那些聪明绝顶的同学毕业后很多都没有什么惊人的建树。

如果说犹太人在智商上没有明显的优势，那他们超凡的创新能力从哪里来？

一个说法是犹太人大都生活在西方发达国家，尤其是美国。作为近一百年来的世界一流发达国家，美国的科技实力可以说是一骑绝尘。从1901年至2021年，六百多个诺贝尔奖，美国人拿走一半，其次才是英国、德国、法国。创新依赖于科研投入，而对科研的投入又依赖于国家的经济体量和对科研的重视。美国经济体量是全球第一，科研经费也是全球第一。

结构性思维：解决复杂问题的方法论

亚洲国家，比如日本，虽然经济体量远小于美国，但从 20 世纪 80 年代开始就加大对科研的投入，其 2020 年科研经费在 GDP 中的占比就超过了美国。因此最近几年日本人屡获诺奖，有投入自然就有回报。从这点看，只要咱们中国坚持加大对科研的投入，我们创造全球领先的新的科技成果也是指日可待的。再过十年、二十年，必然会有更多的中国人站到诺奖的领奖台上。

除了对创新的投入，我们更需要思考的事情是创新产出的效率，即每一块钱的投入能产出多少高质量的创新。从创新产出的效率看，美国仍然领先我们一大截。最主要的原因可能是中美一流大学之间的差异。美国大学的教授们做什么科研、能得到多少资助、研究成果怎么评估都是由行业里的顶尖教授来决定的，是一套专家治理专家事务的体系，创新产出效率相对较高。

对创新的投入以及大学的治理制度都是对创新起到决定作用的宏观因素。回到微观上，即使在考虑了上述两个因素之后，犹太人的超常创新能力仍然是个谜。即使是与美国的整体水平相比较，犹太人的创新效率仍旧高出不少。既然用智商、财富、教育无法解释这种现象，最后剩下的就只有文化。那么，犹太人在文化上有哪些特质能让他们的创新能力出类拔萃？在和犹太朋友的长期交往中，我发现有两点非常重要。

首先，犹太文化的一大核心是辩论。如果一群朋友一起吃饭，只要有两个犹太人，尤其是以色列人，就一定有大声的辩论甚至争吵。辩论的核心一般不是关于利益，而是关于在一件事上谁对谁错。世俗犹太人很少受到教条主义的束缚，有的是永恒的辩论。犹太人相信真理是在辩论中得到的。对于知识和权威，犹太人和其他人有着完全不同的态度。其他人说，权威什么事都知道，我们要向他们好好学。犹太人说，咱们多问几个问题，没准权威没有考虑到其中的一个，我来把它搞清楚。

其次，受到宗教的影响，在日常的生活和工作中，犹太人常常带着一种态度，让人觉得极其骄傲自大。这种态度好像在说"这事只要有人能做，那就一定是我"。犹太人其实知道自己的这个特点，还有个专门的名词，叫"chutzpah"，可以简单翻译成"肆无忌惮的勇气"。犹太人知道这种态度有不切实际的一面，但他们同时认为这种态度对伟大创新具有重要作用。当你的孩子从小就觉得自己是世界上最棒的，一切皆有可能时，他一定是勇于创新的，这种态度其实是创业精神的核心。像乔布斯、马斯克、贝索斯这些人，他们在创业时说的话，在普通人听来可能是不着边际的。但实际上这些伟大的创业者完全相信自己所描述的宏伟蓝图！诚然，对所有创新者来说，失败是大概率事件，但万一成功了呢？有哪一个重大的创新不是在失败了千百次后才最终获得成功的？

所以说，犹太人之所以能创新，不是因为基因，而是因为体制和文化。

我们中国要想真正变成一个创新强国，光花钱是不够的，我们还需要打开套在我们思想上的体制枷锁和文化枷锁。

创新需要的生态系统是什么

> 过去40余年，中国的发展靠的是学习；而将来的40年，只有靠创新。创新必须有制度的保障，核心包括教育理念改革、知识产权保护、资本市场的完善等。

创业创新是中国经济发展不可或缺的动力。

我们现代人之所以能过上现在的生活，都是科技创新的结果。如果拿走现代的科学和技术，人们的生活将是极度贫困、劳累、肮脏、饥饿、单调的。有统计发现人类的人均产出在工业革命前两千年几乎没有任何实质性提高，所有的经济成果都来自工业革命以来的创新：机械化、现代生物和化学、现代信息技术……如果历史有连续性，人类将来的发展也会和过去一样，依赖创新。

创新实际上并不神秘，大部分是用新的办法解决旧的问题。从古至今，人类的需求，无论是实物还是服务，其实都没有实质性的变化。古人即使在技术条件的限制下，仍然能想象在天上飞翔、在水里游弋、"居室中而观天下"。所以，现代人过的生活其实并没有超出古人的想象，只不过古人认为只有神仙才能做到而已。

创新对人类很重要，但对国家来说有时候却并不是必需的。当一个发展中国家远远落后于发达国家的时候，发展中国家有时候有所谓的后发优势，这是因为发展中国家有向发达国家学习的巨大空间。在当今全球化的时代，全球化的产品市场、人力市场和资本市场可以加快发展中国家向发达国家的学习速度；当发展中国家的学习速度超过发达国家的创新速度时，它们之间的差距就会缩小，于是我们就说发展中国家有后发优势。

但发展中国家的发展很难无限逼近发达国家。这是因为当发展中国家足够落后时，发达国家有足够的动机去帮助它们，让它们富起来。发展起来的发展中国家不但能提供发达国家自己不愿意生产的产品，比如劳动力密集型、高能耗、高污染的产品，还可以形成面对发达国家的巨大的消费市场，对发达国家都是利好。然而，当发展中国家有能力和发达国家正面竞争的时候，发达国家最重要的目标是保住自己的领导地位。这时发达国家的政府和企业就会使出各种招数限制发展中国家。首先，最简单的方法是严格保护公司和国家的科研机密。其次，可以用法律手段，例如专利保护，把发达国家和发展中国家的差距至少保持在 20 年。最后，发达国家还可以利用先发优势，通过制定规则让发展中国家给自己交"租金""贡品"，让其在重重限制下艰难地发展。在这种情况下，发展中国家要想继续发展就必须创新。所有发展中国家到了中等发达程度时都会遭遇这当头一棒，在发达国家撤走援助，甚至故意阻挠的情况下，经济发展将从高速逼近发达国家陡然转为低速运行。如果发展中国家的创新速度跟不上发达国家，它们之间的发展差距将是无法缩小的。

日本、韩国、德国等都是这种情况。要想在人均经济产出方面追上美国，就必须比美国做更多更好更有效的创新。对于中国而言，由于中国经济的巨大体量，对美国的地位更有威胁性，因此，中国已经提前进入了必须创新的时代。从某种意义上讲，我们对创新的需求是被逼出来的。

创新应该怎样做？谁来创新？政府应该怎么办？企业应该怎么办？个人应该怎么办？这里有一系列的问题。要解答这些问题就必须围绕创新的核心：人。创新是人做的，可以是一个人，也可以是一群人。无论在任何时候，创新者一定是少数群体，和大家的想法不一样。大家都同意的事情是社会的主流，不会是新东西。创新者不常见，不是所有偏激的人都是成功的创新者，但创新者一定是批判者。他出现时一定是在大家没注意，或看不到的角落里。

人们常常叹息中国缺乏创新型的人才。教育有两种方式，一种是工匠式的，训练学生回答问题。这方面我们做得很到位，在世界上基本可以说是独步天下。另外一种是研发式的，即培养学生问问题的能力。问问题是创新的开始，如果没有问题，答案就无从说起。在这方面，我们的现状基本是老师只管学生会不会回答问题，但问问题是学生自己的事，没有系统的培养方式。

创新的原动力是对利润的追逐，创新者的最终目的往往是盈利。很多人说创新者是为了改变世界，但落到实处往往还是盈利和股价。因此对产权，尤其是知识产权的保护非常重要。创新带有巨大的风险，在大多数情况下可能是失败的，让创新者血本无归。因此创新者一定要相信，万一他

第一章 | 用结构性思维分析社会问题

成功，他可以凭借他的知识产权长期获利，而保证长期获利的一个基本条件是社会对知识产权的保护。如果得不到承诺，创新者的预期回报就不足以弥补预期成本，他就不会去投资创新。如果缺乏对知识产权的保护，一个结果是大家缺乏创新的积极性，另一个结果是企业在和其他企业交往和合作的过程中，大家都会藏着掖着，留一手，这种情况不利于复杂技术的诞生。比如大型客运飞机，产业链很长，靠的是成百上千家企业的合作，如果大家都担心知识产权在交流的过程中被窃取，交易成本自然会大大提高，既提高了整体成本，也不利于创新。

创新也需要资金，而且是愿意承担高风险的投资资金。解决资金问题的办法是建立一个高效的、庞大的资本市场；有了资本市场，做成长型投资的 PE（Private Equity，私募股权投资）机构就有地方退出他们的投资；PE 机构的资金支持又能激励 VC（Venture Capital，风险资本）机构对初创企业的投资。反过来，如果没有一个庞大有效的资本市场，整个投资链条就没有了最终的归宿，会直接影响风险最大的天使投资和风险投资。

每一种创新都会遇到各种阻力，主要来自既得利益和传统文化。既得利益越强大，传统文化越浓厚，创新就越困难。垄断是创新的天然克星。由于触及自身利益，垄断者有可能试图将创新扼杀在摇篮中，也有可能通过威胁把创新的成果以较为廉价的方式占为己有。传统文化的力量也同样强大。创新靠的是科学，但传统文化在很多国家占主导地位。传统文化和科学之间必然有着持续的、激烈的矛盾。如何调和矛盾，改良传统文化是寻求创新的重要方式。

为了鼓励创新，与其用传统文化来约束社会，不如更多地运用法律。法律的优点是所有的约束都是通过白纸黑字的形式确定下来的，不确定性小，也可以拿来讨论、修改，对其改良可以引入科学的过程。而传统文化的隐蔽性太强，作为约束条件太宽泛、不确定性大。法律也分自上而下的体系和自下而上的体系。前者是"只要法律没有明文规定可以做的事都不能做"；后者是"只要法律没有明文禁止的事都可以做"。显然，后者对创新是持开放包容的态度，而前者基本将创新视为洪水猛兽。

总而言之，过去数十年，我们中国把后发优势发挥得淋漓尽致，迅速地缩小了和发达国家之间的差距。而创新是我们将来发展最重要的动力。如何为创新提供一个宽松的、包容的社会经济环境是我们未来一百年所面临的最重要问题。

共同富裕的底层逻辑[1]

> 写作本篇主要是为了回答两个问题：1. 中国为什么要追求共同富裕？2. 如何实现共同富裕？我们发现要解决贫富分化问题，不能简单粗暴地"一刀切"，因为贫富分化是由七个截然不同的因素导致的，对社会来说，不是每个因素都是坏事，所以，要解决问题就必须一事一议，有针对性才行。

贫富分化与共同富裕

贫富分化是个全球性的大问题。欧美发达国家的贫富分化程度自20世

---

[1] 本文与研究员陈宏亚合著，发表在2021年1月10日的《财经》。

纪80年代以来显著上升，已经接近两次世界大战期间的水平。根据世界财富与收入数据库提供的数据，如果按收入高低对人群进行分组，1919年美国收入居前10%的人群的收入在全部人口收入中的占比约为46%，1980年下降至34%，2019年又回到百年前的水平（45.5%）；中国经济在高速增长的同时，贫富差距也迅速扩大，收入居前10%的人群的收入占比从1980年的28%大幅提升至2019年的42%，而收入在后50%的人群的收入占比则从25%下降至14%。其他主要经济体，如欧盟、日本、韩国等也经历了非常类似的变化。

　　贫富分化加剧是一个严重的社会问题。无论国家的政治、经济体制有何区别，贫富分化的加剧必然引发低收入阶层的不满，导致阶层之间的矛盾，造成社会治理方面的问题。在中国，缩小贫富差距、实现共同富裕更是社会主义的本质要求。所以，共同富裕将是全球发展的一个共同趋势，在中国尤其如此。

　　除了政治因素，共同富裕也是中国经济进一步快速发展的核心要求。中国目前属于中等收入国家，但距离高收入标准还有不小的差距。因此中国进一步发展的实质是要跨越"中等收入陷阱"。根据国际经验，当一个经济体从低收入跨入中等收入后，经济增速大概率会大幅放缓，从而长时间无法进入高收入国家行列。

　　回顾世界过去半个世纪的经济发展，那些成功跨越"中等收入陷阱"的经济体可以分为三类：第一类是以沙特为代表的石油输出国，致富的秘诀是石油储备。这类经验没有代表性、无法复制。第二类是以波兰为代表的东欧国家，致富秘诀在于加入了欧盟，当所有生产要素可以在两个经济发展水平存在差距的地区之间自由流动时，落后地区很快就能致富，这与城镇化是一个道理。然而，在目前逆全球化趋势加强以及中美关系日趋紧张的情况下，这类经验也没有太大的借鉴意义。第三类就是日本、韩国和新加坡，这些国家获得成功的关键在于重视科技和教育，通过教育升级、产业升级，挤入全球高科技供应链的顶端。目前看来，这是中国跨越中等收入陷阱的主要出路。

那么，如何提升国家的教育和科技能力呢？对这两项的直接投入肯定是非常关键的因素，此外，还需要在体制和制度上做深度的改革和优化。然而，如果贫富差距过大，低收入家庭为生活所困，根本无法负担对人力资本的高昂投入，社会就会失去获得大量高级人才的潜能。同时，社会中存在大量低收入人群也使产业对低廉劳动力产生过度依赖，企业就没有动力"腾笼换鸟"，实现产业升级。所以，共同富裕是国家达到中等收入水平后，进一步实现科技进步、产业升级的一个必要条件。

从经济发展的需求侧来看，大国和小国的发展模式是非常不同的。小国受制于有限的国内市场，要想获得发展，必须依赖全球市场；而中国作为人口大国，经济发展到了一定水平，国际市场只能是补充，需求的主要来源一定是国内市场。贫富差距过大会导致内需不足。在边际消费倾向递减规律的作用下，同样一块钱的收入，高收入人群用来储蓄和投资的部分会多一些，而低收入人群会把大部分都用来消费。因此，为了提高消费需求、发展国内市场，收入应该向低收入人群倾斜，这也要求共同富裕。

导致贫富差距扩大的七个驱动因素

那么，如何实现共同富裕？要回答这个问题，我们就必须像医生看病一样，先弄清楚病因，然后才能对症下药。我们发现，导致贫富差距扩大的原因相当复杂，在全球范围内，既有共性，也有差异性。总体上来看，有七个因素：科技进步、全球化、老龄化、资产泡沫、劳动者权益保障、城乡收入差距、区域收入差距。其中，前五种因素是全球性的，后两种因素则在中国表现得尤为突出。每种因素的应对方法各有不同，无法用一刀切的方式来简单应对。

第一个因素是科技进步。科技进步是一把双刃剑：一方面，科技是推动经济增长的最重要因素；另一方面，科技会淘汰跟不上时代步伐的低端劳动者，从而加剧贫富分化。无论在哪个国家，高学历群体的平均收入总是高于低学历群体。美国普查局（United States Census Bureau）提供了2020年度美国不同学历群体的平均可支配收入数据，其中拥有硕士及以上学位的平均年收入为15万美元，博士可以达到20万美元，而高中以下学历的平均收入只有4.4万美元。如果计算过去20年美国不同行业人均劳动报酬的平均增速，增长最快的是通信、电子产品、金融等需要高学历人才的高技术行业，年均增速在4%以上，排在末尾的是建筑、住宿餐饮、食品饮料，这些行业年均增速不到3%。根据锐仕方达提供的《全国毕业生起薪点薪酬报告》，2021年，我国拥有硕士及以上学位的毕业生的平均月薪约为8700元，高中及以下学历者的起薪是平均每月约4000元；如果在高科技行业工作，所有学历的平均月薪约为7600元，在快消或服务行业的平均月薪约为5800元。随着科技的进步，高端人才的收入不断增加，而中低收入人群的收入基本停滞，自然会扩大贫富差距。

第二个因素是全球化。过去40年，中国可能是全球化的最大受益者，承接了来自发达国家大量的中低端制造业产能，变成了所谓的"世界工厂"。但对西方发达国家来讲,全球化使一些人受益,而另一些人则失去了工作。OECD(经济合作与发展组织)研究了 1995 年至 2015 年间欧美日就业情况的变化,发现全球化导致这些国家高端人才的就业机会大幅增加,但中端人才的机会大幅减少,其中一部分中端人才转化为低技能人群。这种变化是典型的两头上升,中间下降,自然加剧了贫富分化。西方反全球化的思潮和民粹主义的兴起与这种社会结构的剧烈变化不无关系。

第三个因素是老龄化。自二战后至今,全球平均预期寿命从 46 岁提高至 73 岁,其中,欧美日发达国家达到了 80 岁。[①] 然而,很多国家的退休年龄不但没有提高,还发生了下降。根据 OECD 提供的 46 个国家的数据,1970 年时男性平均 68 岁退休,女性 66 岁退休,此后一直下降,到 2000 年后反弹,目前男性平均 66 岁退休,女性 64 岁退休。人退休以后基本就不从事社会生产活动,因此收入会大幅下滑。比如,在美国,两个年龄段群体的收入最低,一个是 15 岁至 24 岁,2020 年收入中位数约为 4.7 万美元;另一个就是 65 岁以上人口,收入中位数只有 4.6 万美元;收入最高的是 35 岁至 44 岁以及 45 岁至 54 岁这两个年龄段群体,他们的收入中位数分别为 8.6 万美元和 9.0 万美元。随着老年人在人口结构中的比重不断上升,越来越多的中高收入人群就转变成了中低收入人群,自然会拉大贫富差距。

第四个因素是资产泡沫。过去 40 年,全球资产价格持续走高,1980

---

① 全球预期寿命数据来自 Our World in Data,该数据库是全球变化数据实验室(Global Change Data Lab)的一个项目:https://ourworldindata.org/life-expectancy.

年，美国股票市值是 GDP 的 48%，2020 年涨至 195%，法国从 7.79% 涨至 110%，德国从 7.55% 涨至 59%。[1] 资产价格飙升必然拉大贫富差距，因为富裕人群有更多的金融和房地产投资。这场资产盛宴源自 20 世纪 80 年代开始的新自由主义，以里根经济学和撒切尔主义为代表的欧美国家崇尚小政府大市场，主张降低利率，削减税收，从而增强了企业的税后盈利能力，抬高资产的市场价格。1980 年，美国 1 年期国债利率为 12%，目前（2020 年）只有 0.1%。1980 年德国（此处指西德）1 年期国债利率约为 9%，现在整个欧元区都是负值[2]。1980 年，美国和德国（此处指西德）的公司所得税率分别是 46% 和 60%，个人所得税最高边际税率分别为 70% 和 56%，2020 年，美国和德国的公司所得税率分别降至 21% 和 30%，个人所得税最高边际税率分别降至 37% 和 45%[3]。

中国的利率水平已经非常接近零利率。在很长一段时间内，中国名义 GDP 增长率大大超过利率，说明利率被人为压低。低利率可以刺激投资，导致资产价格上升，但同时也会抑制劳动者收入和消费的提高。我们用 2005 年至 2020 年名义 GDP 年均增速扣减同期 1 年期国债利率，我国的差距为 9.3 个百分点，美国只有 1.8 个百分点，欧元区有 1.3 个百分点。中国在房地产领域、企业股权领域的造富能力也是全球首屈一指的。

---

[1] 数据来自美国联邦储备经济数据库（Federal Reserve Economic Data），https://fred.stlouisfed.org/.

[2] 同上注。

[3] 数据来自 Our World in Data，该数据库是全球变化数据实验室（Global Change Data Lab）的一个项目：https://ourworldindata.org/taxation.

第五个因素是劳动者权益保障在全球范围内有巨大的差距。我们把国际劳工组织（ILO）提供的各国最低工资水平与其年度人均GDP相比，发现欧洲国家的这一比值要远远高于美国，德国是47％，法国是54％，美国只有23％。这表示在欧洲从事低端技能工作的劳动者所获得的收入要高于美国，因而这些国家的贫富差距也没有美国那么大。为什么会有这样的差距？一个重要原因是这些国家的工会力量非常强大，能够在劳资谈判过程中为劳动者争取更多的福利。OECD提供了不同国家劳动者的集体谈判覆盖率，德国是54％，法国是98％，美国只有12％。

上述五个因素在全球具有普遍性。对于我国来说，还有两个特殊因素，第一个是城乡收入差距。发达国家由于从事农业的人数非常少，农业和其他行业的收入水平相差不大，但是我国的城乡收入差距非常大。2020年，我国农村地区收入最低的20％群体的人均可支配收入只有4682元，而城镇地区收入最高的20％群体的人均收入接近10万元[1]，差距巨大。改革开放初期，城镇人均可支配收入约为农村的2.5倍，随着农村经济的市场化、乡镇企业的发展，城乡间收入水平的差距有过短暂的缩小，1984年，城乡间收入水平的差距缩小到1.7倍。然而后来城乡收入差距再次拉开，在2009年前后达到最高点（3倍），最近十年有所下降，目前又回到改革开放之初的水平（2.6倍）[2]。

在城乡差别基本恒定的情况下，贫富差距为什么会扩大？当大部分人口都居住在农村时，整体的贫富差距就比较小。当城镇化开始后，

---

[1] 数据来自CEIC数据库。
[2] 同上注。

进入城镇的人员由于劳动生产率的提高而收入倍增，而农村人员的收入则不会上涨那么多，贫富差距由此开始扩大。未来，当大部分的人口都转移至城镇时，贫富差距又会变得比较小。

除了城乡差别外，另一个特殊因素是地区间的经济发展水平差距大。改革开放40年，京津冀、长三角、珠三角的发展速度远远快于东北、中部、西北、西南。造成这种现象既有政策导向的原因——最早的经济特区，像深圳、厦门、珠海，大都在东南沿海，这些经济特区的周边地区在改革开放的道路上也都走得更快、更坚决；也有产业发展的天然禀赋原因——改革开放的一个重要抓手是出口，嵌入国际产业链，因此沿海城市由于交通和信息上的优势自然就发展得更快些。2020年，上海以7万元的人均可支配收入位列全国第一，是排在末尾的甘肃省的3.5倍。与之相比较，美国最富的是纽约州，人均可支配收入约为6万美元，最穷的是密西西比州，人均可支配收入约为3.9万美元，前者约为后者的1.5倍[①]。

怎样缩小贫富差距

我们首先要意识到贫富分化本身是国家经济形势的一个表象，就像人的血压，不是说高了就不好，要一味往低走。重要的是不能走极端，太高了肯定不好，但一个完全平均的社会肯定也是一潭死水。一般来说，经济效率的提高，会使提效的主推动者获益更多，从而导致贫富分化。

---

① 我国各地区人均可支配收入数据来自CEIC；美国各州人均可支配收入数据来自美国经济分析局（Bureau of Economic Analysis）。

所以从根本上讲，缩小贫富差距的最佳方式是提高大多数人的劳动生产率，从而让大多数人都可以从自己的效率提高中获益。如果仅仅针对贫富分化而出台降低经济效率的政策，最后的结果是所有人都更加贫穷，解决的只是妒忌问题。从1980年到2019年，世界上贫富差距扩大的地区是东亚、北美、欧洲，但这些也是经济发展最快的地区。反之，西亚、拉美、非洲，贫富差距不仅没有上升还略有下降，但经济发展水平却远远落后于世界平均水平。中国的案例最有代表性，"让一部分人先富起来"虽然会导致贫富差距的扩大，但同时也让数亿人摆脱贫困，创造了举世瞩目的经济奇迹。

中国经济要进一步发展，缩小贫富差距是一个重要方法。正如我们前面的分析，导致贫富差距扩大的驱动因素非常复杂，因此需要一事一议，区别对待。像技术进步、全球化等，虽然扩大了贫富差距，但是其主要功能仍然是促进经济的发展，造福全人类。从全球的经验来看，针对贫富分化的三次分配政策，第一次分配和第二次分配相对重要，而第三次分配其实只在美国这一个国家起到了比较明显的作用。我们把一些国家慈善捐赠金额与GDP做比较，发现美国最高，占比约为1.7%，其他国家基本低于0.5%。中国目前是0.16%，和大部分国家相似[1]。

针对中国的贫富差距，我们提出以下四点政策建议。第一，改革或取消户籍制度，打通城乡之间和城市之间劳动力市场的人为阻碍。这项改革可以进一步缩小城乡之间的收入差距，以及不同地区人群之间由于经济发

---

[1] OECD. Taxation and Philanthropy [R]. 2022-11-26. https://www.oecd.org/tax/taxation-and-philanthropy-df434a77-en.htm.

展不平衡所带来的收入差距。第二，针对人口老龄化带来的贫富差距，可以适度提高退休年龄，从而增加老年人的工作收入。根据目前人口的健康状况，把退休年龄提高五岁对大多数人来说是完全可行的。65岁是大多数发达国家的法定退休年龄。第三，针对资产泡沫带来的贫富差距，首先需要加大金融市场化改革的力度，其次可以适度加大对财产性收入（包括金融以及房地产投资）的征税力度。"房住不炒"是非常正确的。如果能让新进城的农民或刚毕业的大学生都能在城市里比较容易地找到立身之地，那么中国的贫富分化问题就解决了一大半。第四，我们要意识到人民福祉的最终源泉是经济发展。因此，无论是大力发展高科技、高质量的民营经济，还是改革国有企业，让其获得更高的经济效率，都可以做大蛋糕，从而让人们能分到更多的蛋糕。

如何给孩子们减负[1]

> 中国孩子们的学习负担都很重。孩子们努力学习是好事还是坏事？这要看学习的效果是怎样的。能够提高孩子综合能力的努力是有益的，不能提高综合能力的努力都是浪费。

近一年来，培训巨头好未来和新东方的股价跌了90%。上周更是一天就腰斩。起因大概率是上周出台的一揽子"减负新规"。资本市场的反应说明大家对"新规"吃了一惊。按道理不应该，因为一年来的教育政策调整都在向这个方向变化，所以我们可以判断让大家吃惊的是"新规"的力度。资本市场没有想到力度会这么大。

"新规"的出台是为了解决一些K12学童的教育问题。目前看来，大

---

[1] 本文发表于2021年8月。

多数人认为这些问题主要体现在两个方面：一是过多的课外补习影响了孩子们的健康成长，二是这些课外补习的费用让很多家庭不堪重负，不仅挤压其他方面的消费，还会影响父母生二孩三孩的意愿。

生育率下降是一件非常复杂的事情，"新规"对它的影响估计微乎其微。由于我国长期执行计划生育政策，所以很多人以为生育率下降是计划生育政策使然。前期确实是，因为很多人想生但不敢生。但到后期，人们早已从不敢生变成了不愿生，放开二孩后生育率也没有特别显著的提升。生育率下降是全球所有富裕国家经济发展后的共同现象，影响因素有多种。在亚洲，日本、韩国、新加坡等国的生育率都不比中国高，而且是多年持续下降。美国和欧洲的情况也是一样。美国和日本的生育率都很低，美国之所以能保持人口总体的增长，是因为合法移民和非法移民，而日本由于外来移民较少，所以人口总量也因为低生育率在下降。移民在中国人口中的占比也小到可以忽略不计，所以中国的人口增长前景也不容乐观。根据目前对生育率进行的大量研究，对生育率有重大影响的因素，比如医疗进步、财富增加、男女平等，实际都是不可逆的，所以关于如何解决人口老龄化问题，目前除了增加移民，还没有发现其他特别有效的措施。

"新规"最直接的作用应该是解决K12学童学习负担过重的问题。其效果会怎样？要分析这个问题就需要回到问题的本质：为什么中国的小孩子学习负担这么重？孩子的学习负担重实际反映了经济社会竞争的日益加剧。中国人自古就崇尚教育，到了现代就更是这样。这种文化有相应的经济逻辑：古代读书是为了科举考试，考上了就能当官，过上好日子；现代社会，科技是第一生产力，"学好数理化，走遍天下都不怕"。古代的科举变成了现代的高考，一个人考上了大学就会有更多、更好的工作机会。教育和升学的重要性在全世界所有国家都非常相似。即使是在美国这样实行所谓"放养式"教育的国家，家长为了让孩子考上哈佛、耶鲁这样的名校也是想尽办法，竞争经常是从幼儿园就开始了。

一个人事业上的成功，实际上和上哪所大学并没绝对关联。最重要的因素是综合能力。但有一点可以肯定的是，名校的品牌效应是实实在在的：越有名的学校，其毕业生的机会就越多；没名气的学校，其毕业生往往到处碰壁。这里要强调的是，学校品牌只是打开社会机会大门的敲门砖，进门以后，拼的还是综合能力，因此学校品牌的优势非常短暂。有了工作经验以后，新的品牌是靠工作成绩建立起来的，对三十岁以后的人来说，学校品牌的重要性会越来越小，而工作经验越来越重要。

教育的一个主要目的是赋予孩子在社会中成功的要素。因而家长最需要关注的应该是如何培养孩子的综合能力，而不是上哪所名校。但为什么绝大多数家长会把几乎所有的精力都放到孩子的考学上呢？我觉得主要有两个原因。首先，综合能力的培养是长期性的，虽然大家知道重要，但由于不紧迫，就很难坚持；而升学考试是短期的、眼前的压力，所有家庭都必须时刻应对。这点很像上市公司，因为每个季度都有业绩压力，就不太会做对公司长远发展有利但不能马上见效的事情，而把注意力都集中到本季度的业绩上。

其次，综合能力包括批判性思维、领导力、主动性、艺术鉴赏力等等，这些大多是隐性的指标，虽然重要但很难度量。而考试升学的结果往往都是显而易见的，自然而然就会吸引家长们的注意力。在美国，名校在录取学生时不仅仅依赖标准化考试分数，还需要学生提供高中成绩、课外活动、推荐信、特殊成就的展示等，所以家长们就会在所有这些指标上下功夫。中国相对比较简单，主要就是高考成绩，所以大家就把所有的努力都集中到考试上。虽然准备的方式非常不一样，但中美家长的核心逻辑实际上是一样的，就是想帮助孩子考入名校。

名校的名额是有限的，有人进去就一定有人要被刷下来。所以对名校的竞争是完完全全的零和博弈。在这件事上，家长和孩子们的努力已经不是为了孩子自身的成长，而是为了打败其他的竞争对手。在商业界，人们往往把这种竞争叫"恶性竞争"。之所以是恶性，是因为很多的努力并不能培养真正有用的综合能力。所有对综合能力没有帮助的努力都是对学生时间和精力的浪费。但是，既然游戏的规则本身就是零和博弈，孩子们就只能跟着规则走。所以孩子们一方面很累，另一方面又学不到很多真正有用的东西。

应试教育不见得一定是不好的，这要看考试的内容是否真的对孩子有用。在理想状态下，如果大学入学的评估条件以综合能力为核心，那么学生备考的过程就是深化教育的过程，对孩子的长期发展大有益处。美国的教育体制实际上就是尽量在往这方面努力。美国的学生并非天天准备考试，而是试图在各个评估侧面全面发展。首先，在美国，诸如SAT、ACT这样的标准化考试，其语言和逻辑部分考查的是孩子长期的读写、分析积累，而这些能力是综合能力里非常重要的部分。所以学生复习备考的过程实际也是努力提高综合能力的过程。其次，在美国，孩子们可以参加很多次考试，而且大多数学校是取最好的成绩，所以基本可以保证考试成绩准确反映了学生的能力。这种政策可以在一定程度上减轻学生的心理负担。

美国的名校之所以能从综合能力入手，是因为大多数名校都是私立学校，所以其教育政策，包括招生，有很强的独立性。中国的名校都是公立的，所以就不得不受到社会的约束。在贫富差距较大，尤其是在城乡区别巨大的国情下，高考是中国社会阶层流动的一个极其重要的手段。虽然高考内容还有很大的优化空间，但其标准性和公平性却是被社会广泛认可的。对高考制度的任何改革都必须维持这些特性。

中国的教育资源有限，一个提高效率的思路是对孩子们进行分流，有天赋的重点培养，没有天赋的走职业培养的道路。

"不让孩子输在起跑线上"，课外辅导是家长应对应试教育竞争的一个自然反应。教培行业的兴起和行业里公司的广告和营销策略没有关系，直接和核心的驱动因素是教育体制。如果哪天高考取消，学生以抓阄的形式进入大学，教培行业估计会很快消失。所以，当我们分析教培行业对社会的影响时，我们要看它的供给和需求两方面的因素。

那么，在现有教育体制的总框架下，如何给孩子减负？一个可行的政策是让分流更加精准，真正有天赋的孩子不会因为偶然因素而被刷下来，即使不幸被刷下来了，后续还有机会补救。在中考分流后，让没有考上普通高中的学生继续保有进入大学的可能性，即通过后来的学习和考试，优秀的学生仍有机会进入大学深造。有了这种可能性，中考和高考就不是决定人生命运的"关键战役"，而只是两个重要的节点。对考试的恐惧下降了，所有的家长和孩子都能平和很多。

古代人们常说"江南出才子"，但很少有人问为什么会这样。其中一个重要原因是古代江南富庶家庭的数量大大超过北方。古代教育成本高，只有富家人出得起钱，能够上私塾，所以总能在科举考试中脱颖而出。在当今社会，如果我们希望建立一个共同富裕的社会，就应该让所有的孩子都有平等的受教育的机会。

结构性思维：解决复杂问题的方法论

既然是这样，有什么方法能够有效地对课外辅导进行管理，真正做到给孩子减负？由于课外辅导的需求来自家长和孩子，家长得出钱，孩子得花时间，如果孩子把时间都用到培养综合能力上，自然就没有更多的时间去备考补习了，所以一个最有效的方式实际是减少家长对孩子时间的支配自由度，这样就能实质性地减少学生对补习的需求。如何做到这一点呢？很简单，把中小学的上课时间延长到下午6点，延长课间的休息时间，增加体育、艺术、演讲、辩论、手工等对提升综合能力有帮助但大学入学考试不考的内容。这样，孩子们在学校就完成了大部分综合能力培养的内容，回到家，即使家长安排了补习，也没有多少时间。

综上所述，中国孩子们的学习负担重归根结底是因为中国教育体系的特殊形态。家长们在备考补习上的"军备竞赛"是对应试教育体系的自然反应。一个形象的比喻是中国教育就好比大家都坐着看电影，有人想看得更清楚就站起来，但这会引起连锁反应，最后所有的人都得站起来。为了避免这种零和博弈，政府必须介入，规定所有的人都不能站起来。所以要实现真正的减负，就要改革教育体系，把中考、高考的内容尽量向综合能力靠近，这样出于备考而付出的努力就能有长期的正面作用。同时，通过减少家长对孩子时间的支配自由度，减少整个社会对无效竞争的需求。

网络的逻辑[1]

> 网络的概念不仅仅局限于互联网,也包括在语言、文化、宗教、贸易体系等规则下人和人建立起来的连接。笔者强调规则是网络的核心,网络效应是网络之间竞争的主要武器,而开放与封闭是网络之间竞争的主要策略。

要了解世界,一定得有网络的概念。不懂网络,就不可能理解世界。

网络思维不同于互联网思维,互联网思维只是网络思维在互联网时代的一个特例。

网络是什么?当人或机器相互连接起来就形成了网络。

连接不是在任何情况下都能产生的。美国的电器直接拿到中国来使用

---

[1] 原文发表在 2016 年 1 月 26 日的财新网。

结构性思维：解决复杂问题的方法论

大概率会烧掉，因为中国的电压比美国的高一倍，要用必须得有变压器才行。一个为苹果手机设计的APP放到安卓手机里也是根本无法用的，要想用，必须专门重新打造一套新的系统。这些连接之所以不能产生，是因为各自遵循的规则不兼容。规则之间的转化，这项任务有时候简单，有时候很困难，有时候几乎是不可能的。

所以，网络的核心是连接，而连接的核心是兼容的规则。

机器和机器之间的连接是被动的，是纯粹技术上的事情，道理很简单，这里我们不讨论。我们关注的是人与人，或者是人通过机器与人之间的连接。

BAT是互联网时代中国产生的最大的三家互联网公司。百度通过优秀的搜索功能，连接了大量希望通过互联网迅速获得信息的人们。由于搜索的质量随着搜索人数的增加而提高，最大的搜索平台自然吸引最多的搜索用户，从而产生最好的搜索质量，于是吸引更多的搜索用户……阿里的淘宝是中国最大的网上购物平台，有最多的商家在平台上经营，于是吸引了最多的客户，最多的客户反过来吸引更多的商家，更多的商家吸引更多的客户……

我们把这种强者愈强的情况称为网络效应。网络效应是统一规则下的规模效应。其实，除了BAT，安卓系统、苹果系统、微软系统、E-mail系统、电话号码系统等都是网络效应很强的网络。

WTO（世界贸易组织）是所有成员方通过统一的规则进行商贸来往的网络，也具有网络效应。任何一个人、一个家庭、一个机构甚至一个社会都必须融入无所不在的网络。逗留在网络之外并不是一个明智的选择。由于地域关系，非洲、大洋洲和美洲的原住民在历史上无缘加入先进文明的网络，当他们被迫与先进文明相遇时，就无法掩饰赤身裸体式的落后窘态。反之，西欧的任何一个国家，无论大小，无论地理条件如何，有资源还是没资源，都是发达国家。这是网络在起作用。今天的互联网创业者，无论做得多好，单打独斗会面临巨大的挑战和困难，而当他们选择加入 BAT 的已有网络以后就忽然感到能喘一口气。这也是网络效应。

网络的大小不是一成不变的。20 年前谁能想到中国能涌现出全球顶级的互联网公司？谁又能预测到苹果和谷歌的崛起？新崛起的网络，一定要为参与者提供更好的体验或更高的效率。苹果和谷歌的崛起都是由于它们创造了无与伦比的产品，为消费者提供了前所未有的体验。

从长远来看，把谷歌和苹果相比，我不看好苹果。原因是苹果的网络是封闭式的。PC 时代，苹果的产品质量优于微软，但由于其封闭性，在乔布斯重新接手时，苹果几乎是奄奄一息了。网络的效率和开放性都很重要。但从长远来看，开放性是第一位的，其次才是效率。

每个网络都有一个或几个中心。虽然网络本身没有价值取向，但网络的中心往往有自己的利益，因此会利用网络来谋取自己的利益。安卓可以被免费使用，但使用方必须满足谷歌开出的条件，帮助谷歌推广它系统中的核心应用。让谁进入网络，进来后遵循什么规则，都是网络的中心要仔细考虑的事情。

对于网络的中心而言，网络的价值来自网络的规模和其自身在网络中的影响力，是两者的乘积。要把网络做大就要开放，但越开放，网络的中心的影响力就越小。网络的中心要增加影响力，就要限制其他参与者的自由度，这会降低网络对其他参与者的吸引力。苹果完全掌控着 iOS 系统，但同时得到的是逐渐萎缩的市场份额。完全的开放和完全的控制对网络的中心都不是好事。最佳选择一定是一定程度的开放和一定程度的控制。所以，一个高效的网络，其中心和边缘的利益必须是协调一致的。如果边缘在叫苦，要反抗，中心就必须做自我检讨，重新考虑规则的合理性。从网络这个角度来看，腾讯可能是选择了一条颇有智慧的道路。把平台开放出来，把"半条命"交给合作伙伴，对合作伙伴不是控股而是参股，这些都是吸引新会员、维持并扩大网络的智慧之举。此外，越开放的心态也代表了越宏大的野心，腾讯显然是在为更大的作为做准备。

快乐和财富的秘密

> 人们追求快乐，但手里可以调动的资源只有金钱和时间。时间和金钱对不同的人来说，边际价值是不一样的。本文阐述了人们为了追求快乐，应该如何对时间和金钱进行最优分配。

万物都有生有灭，所以生死本身不是问题，问题在于如何管理好从生到死的这段时间，让一生的福祉最大化。人们手里可以调动的资源主要有两种：金钱和时间。在每一个瞬间，人们要做的决定是在什么事情上花时间，在什么事情上花钱。

对于个人而言，金钱和时间都是有限的，所以都有很高的价值。大多数人的情况是两者的弹性都很小，一般人很难把自己的寿命增加百分之十，也很难把自己的财富增加百分之十。不过，对于一小部分成功人士而言，虽然他们的时间弹性很小，但是金钱的弹性却极大。从万元户到百万

结构性思维：解决复杂问题的方法论

富翁，从百万富翁到亿万富翁，财富的极限不断被打破。所以，对于贫穷的人而言，时间和金钱都很稀缺；而对于富裕的人而言，金钱本身的价值并不大，最宝贵的是时间。

为了简化分析，我们可以把个人的时间分成三部分：工作、休息、追求快乐。追求快乐的范围很广，可以是刷手机、看电视，也可以是种花种草、跳广场舞。其特点是能带来内心的快乐，但需要消耗时间和金钱。休息很重要，充足的休息能使人更健康，因此可以延长寿命，把人生的时间拉长、提高生活的质量。反过来，牺牲休息时间，无论是工作还是追求快乐，都有可能因为寿命缩短而降低整个人生的质量。所以，除非有紧急情况，任何试图从休息上抢时间的做法都是极其愚蠢的。休息和吃饭一样，应该是最为刚性的需求。

把休息时间拿出去后，人们最重要的决策是在工作和追求快乐之间分配时间。工作有很多目的，对大多数人来说，最重要的就是把时间转化为财富。把时间转化为财富的效率就是劳动生产率。我们说一个人"会赚钱"其实就是说他的劳动生产率很高，但最终转化的财富总量要看他能花多少时间在工作上，财富创造是时间和劳动生产率的乘积。我们说一个人"勤奋"实际就是说他在工作上花更多的时间。显然，由于时间是相对有限的，因此大规模的财富不可能通过"勤奋"获得，而必须通过提高劳动生产率。根据美国《福布斯》发布的2022年全球亿万富豪榜，特斯拉创始人马斯克合计拥有约2190亿美元的净资产，这些财富是在不到三十年的时间内创造出来的。劳动生产率的差别是解释财富差距最重要的因素。

追求快乐既需要时间也需要金钱。工作时间太多，钱挣多了，但没有时间去追求快乐；工作时间太少，时间多了，但没有钱，也不可能获得快乐。所以最佳的选择是寻求两者的平衡，不能走极端。一般来说，越富有的人，越会缩短工作时间；而越贫穷的人，因为觉得钱很重要，所以会自愿延长工作时间以赚更多的钱。

最幸运的是工作本身就能带来快乐，这样人们就会把休息之外的大多数时间都放到工作上。由于工作本身能带给这些人快乐，所以这些人能付出大大超过常人的努力，进而得到大大超过常人的成功，拥有大大超过常人的财富。人们普遍追求成功，岂不知成功的秘诀其实就是做一份让自己快乐的工作。因此，从概率上讲，快乐会伴随着成功。倒不是说成功一定能产生快乐，而是成功和快乐都来自自己喜欢的工作。从这个意义上讲，望子成龙的父母们该做的事情不是让孩子去竞争那些收入最高的专业，也不是一门心思让孩子学会吃苦忍耐，而是要让孩子找到自己的兴趣，追求自己的热爱。成功来自勤奋，而勤奋来自热爱。

前面讲到，财富的创造是时间和劳动生产率的乘积。但勤奋和劳动生产率并非完全独立，而是正相关的，越勤奋的人劳动生产率越高。两者的关系并非线性，而是一个级数关系，即劳动生产率会随着勤奋程度呈几何级数增长。很多事情，干得好会带来更多的价值，但程度有限；但干到最好，创造的价值可以超乎想象。所以巨人的成功，不仅需要勤奋和热爱，还需要天赋和运气，如果能把天赋和热爱很早地结合起来，人生成功的胜算更大。

当一个人的价值创造能力到了一定的高度，时间相对于金钱会变得极其稀缺。在这种时候就必须考虑把低价值的事情外包出去，让别人去做，自己专注于做高价值的事。这是一件双赢的事情：对自己来说，这是用较低的成本换得宝贵的时间，对团队来说，这是工作机会。就像医生行医，需要护士的协助才能最大程度地创造社会价值。不是说护士的事医生自己干不了，而是因为医生的机会成本太高了，必须"把好钢用到刀刃上"才能实现价值最大化。所以，从理论上讲，一个机会成本高的人，应该把所有低于自己机会成本的事情都外包出去。我们平时看到的"重要人物"常常身边跟着一个团队，可能不是因为他要摆谱，而是因为他在试图获得最高的经济效率。

同样的道理，当企业家带领企业从小作坊成长为大公司，一方面要做加法，招兵买马、投资扩张；另一方面则需要做减法，把团队能干或者干得更好的事情分给团队去做。因为个人的时间是相对有限的，不做减法就无法做加法，不做加法当然就无法成长。越成功的企业家，看起来闲余时间越多，不是说他变得游手好闲，而是他学会了授权，用团队能力替代个人能力。如果做不到这一点，企业家本人就是企业最大的瓶颈，再大的公司其实在本质上还是个小作坊。

第二章

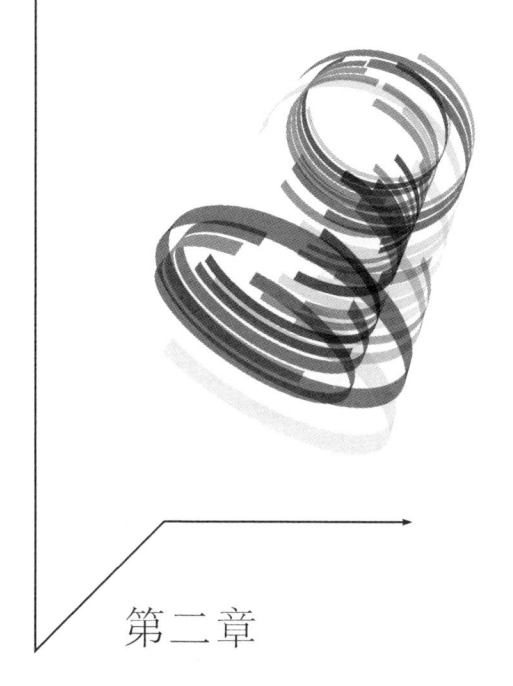

用结构性思维分析变局下的中国经济

为什么中国一定要做碳中和[1]

2021年7月16日9时15分，全国碳市场启动仪式在北京、上海、武汉三地同时举办，备受瞩目的全国碳市场正式开始上线交易。

我国碳市场将成为全球覆盖温室气体排放量规模最大的市场。发电行业是首个被纳入全国碳市场的行业，"十四五"期间，八大高耗能行业中的钢铁、有色、石化、化工、建材、造纸、电力和航空等或将全部被纳入全国碳交易市场。

事实上，全球正在掀起一场碳中和与新能源的革命，其规模和重要性不亚于已经持续了几十年的IT革命。如何走在低碳时代的前沿，是每个行业、每个企业必须仔细思考的问题。

---

[1] 本文与研究员段磊合著，发表在2021年7月的《第一财经》。

> 要真正理解碳中和，把握碳中和的历史机遇，必先深入理解碳中和对于中国的战略意义，以及其底层经济逻辑。

全球变暖与碳中和

工业革命以来的人类活动导致地球气温快速上升，这已经是主流科学界的共识。

根据 NASA（美国国家航空航天局）的数据，目前全球地表平均气温相比 1880 年高出约 1.2℃，已经远远超出此前一万年地球平均气温的正常波动区间。

全球变暖会带来严重的后果：两极冰川融化、海平面上升、气象灾害频发、土地沙漠化和海洋酸化等。

联合国一份报告显示，2000 年至 2019 年，全球共发生有记录的气象灾害 6681 起，相比之前 20 年增加了 82.7%。

放任全球变暖的潜在经济损失也是惊人的。

据耶鲁大学教授、气候经济学家威廉·诺德豪斯（William D. Nordhaus）的测算，如果按 21 世纪末的全球升温为 3℃、4℃和 5℃三种情境测算，届时对应的全球经济损失分别为 GDP 的 2.3%、4.0% 和 6.5%；

美联储全球化研究所的研究则表明，若不采取气候行动，到 2100 年，全球气温将上升 3.7℃，届时全球人均 GDP 可能会损失 7.2%。

和现在困扰世界的新冠肺炎疫情比较一下：新冠肺炎疫情对 2020 年全

球 GDP 的负面影响约为 3.2%，也就是说，因为全球变暖，21 世纪末的人类每年都要面对新冠肺炎疫情级别的经济损失。

再和战争比较一下，一战和二战分别给德国带来了 29% 和 64% 的经济损失，但战争是会结束的，经济损失也是"一次性"的，因此，从年化或者长期的角度来看，因全球变暖所产生的经济损失可能是比战争还要可怕的。

全球变暖是因为工业革命以来人类对化石能源的大量使用、大规模制造、房屋基建等行为排放了大量的温室气体（以二氧化碳为主，还包括甲烷、一氧化二氮和氯氟碳化合物等），或者用现在大家常说的词：碳排放。

不考虑新冠肺炎疫情对经济活动的影响的话，现在人类每年的碳排放量还是持续增长的。据 IPCC（联合国政府间气候变化专门委员会）测算，至 21 世纪末，全球升温控制在 1.5℃ 的可能性已极小，为了守住 2℃ 的升温红线，全球需要在未来的 30 年内快速实现碳中和，即通过"收支相抵"的方式使大气中的二氧化碳量不再增长。

碳中和是巨大的经济博弈

首先，能源的使用是碳排放最主要的来源，而人类的经济发展、生活水平的提高和对能源的利用是紧密相关的。用历史数据来测算，GDP 增速与能源用量增速的相关系数高达 90%。说服人们通过减少能源使用、降低生活水平来减排是极为困难的。只有发展碳排放量少的新能源，并且新能源的成本不能比化石能源高，才能在减排的同时，保持经济发展，保证人们的生活水平持续提高。

其次，碳减排是需要全球合作的，而达成如何分担责任的共识很困难，不同的国家看待这个问题的角度是很不一样的。以现在的碳排放量来看，中国是目前全球最大的碳排放国，2019年，中国的碳排放量占全球的27.9%（美国占14.5%），其他发展中国家的碳排放量也在持续增长。

但从历史累计来看，西方国家的碳排放量远远高于发展中国家。根据牛津大学的统计数据，自1751年以来，美国的历史累计碳排放量约为4000亿吨，占全球历史累计碳排放量的25%，居世界首位，欧盟贡献22%，中国占比为13%。

由此，以历史累计碳排放量还是以现在的碳排放量来分担责任就成了争议的焦点。

另外，从人均排放的角度来看，中国的人均碳排量为7.1吨/年，仅为美国的44%，韩国的59%，而印度人均碳排量仅为中国的26%[1]。美国人住着郊区的大房子（人均住房面积为65平方米），在住宅领域的人均能耗（取暖、降温、照明等）是中国的3.2倍，是印度的5.4倍；在交通领域的人均能耗更是中国的8.7倍，印度的27.4倍[2]。

中国或其他发展中国家人民有没有权利去追求美国人民的这种生活？

从这个意义上来讲，发达国家和发展中国家是有核心矛盾的。发达国家说全球有50多亿人口在发展中国家，现在碳排量最大，发展中国家应该承担责任；而发展中国家则可以辩驳：我们有平等的发展权，从历史和人

---

[1] 数据来自Our World in Data。
[2] 数据来自国际能源署（International Energy Agency，IEA）。

均来说，与发达国家相比，我们还可以排放更多。

碳中和的技术方法

要想实现碳中和，需要三个办法的互相配合。

一是在能源供给端用新能源代替碳基能源，二是在能源使用端去碳，三是固碳。

在能源使用端，电气化是一个方向。通过能源使用端的电气化和供给端的清洁化互相配合，形成良性循环，互促发展。如果将来燃油车还是主流，就无法和能源供给端的清洁化匹配，也无法促进供给端的清洁化转型。

除了电气化，在能源使用端还有很多场景需要找到合理的减排方案。比如工业领域，在炼钢等场景中，如何用氢气代替煤；交通领域，飞机、轮船如何改用清洁动力；农业领域，如何减少养牛产业的甲烷排放量；等等。

即使我们在供给端和使用端使用了相应的减碳方法，也不可能完全做到零排放，这时候就需要用固碳的方式来"中和"排放出来的碳。目前"固碳"主要有两种方法。第一种是植树造林，中国在这方面的举措全球瞩目，过去几十年，森林覆盖面积大幅度增加，固碳成果十分显著。第二种方法是用工业化的方式进行碳捕捉。

在去碳的过程中，供给端和使用端的同步协调非常重要。美国阿贡国家实验室对丰田卡罗拉和特斯拉的 Model 3 在不同能源供给情况下的碳排放量做了测算：如果能源供给是纯火电，那么只有在行驶里程达到

12.6万公里以后，Model 3才会比卡罗拉更有碳排放优势；但如果全部使用清洁能源，那么在行驶里程超过1.35万公里以后，Model 3就具有了碳排放优势。可见，电力供给的清洁化才能使能源消费的电力化更有意义，能源供给端的清洁化和使用端的电气化必须同步协调发展，才能做到有效地控制碳排放量。

当然，从历史发展来看，能源使用的电气化本身也是大势所趋，如中国用于发电的一次能源消耗量由1985年的17％上升到了2017年的47％。而现在的碳中和使命显然会强化这一趋势，并要求电力的供给更加清洁化。根据Ecofys（可持续能源服务与创新公司）的测算，煤炭发电和天然气发电的气候变化成本分别超过40美元/兆瓦时和20美元/兆瓦时；而光伏发电的气候成本则只有1.5美元/兆瓦时，风电和水电则低于0.1美元/兆瓦时。

如何解决碳中和的经济问题

除了技术问题，解决碳排放问题的关键是解决其经济问题。

想要实现碳中和，从经济角度只有两种方法。一是降低新能源的成本。比如光伏和风能成本降到现有能源成本以下，不用任何刺激政策，市场也会选择使用新能源。新能源成本的降低来自技术进步和规模化应用带来的规模效应，早期一般需要政府用补贴的方式，形成初步的规模效应，并促进企业对技术的投入，从而带动降低成本的正向循环。

二是增加碳排放的成本。如果碳排放的成本足够高，即使技术没有发展到完全成熟，企业也会投入资源到新能源技术的研究和应用上。

如何增加碳排放的成本？基本方法是给碳排放"上税"。一种是以行政化的方式上税，即制定政策规定排放一吨碳需要交多少税，但是这种行政化的方式往往会带来效率低下的问题。另一种是用市场解决问题，如对中国整体的碳排放量制定一个限额，即一年只能排放一定数量的碳，在此前提下，让企业拥有互相购买碳排放额度的权利，进而生成碳排放权的交易价格。这种价格也是碳税，是社会给碳排放企业上的税。

目前中国的碳税非常低，基本上可以忽略不计。在全球范围内，目前碳税约为2美元/吨。但是，要想解决气候变暖的问题，2美元/吨的碳税还远远不够。根据国际货币基金组织（IMF）的测算，要将地球的升温幅度控制在2℃以内，碳排放权的价格需要在2030年达到75美元/吨。据联合国环境规划署数据，2019年全球温室气体排放量约为591亿吨二氧化碳当量，全球每年的碳税高达4.4万亿美元。巨大的经济投入显然会削弱民众和决策者减排的决心，但不减排则是把严峻的全球变暖问题推给我们的子孙。

为什么中国一定要减碳

中国领导人承诺在2030年前实现碳达峰，2060年前实现碳中和，这体现了中国作为一个大国的担当，没有纠结历史累计排放量等问题。

除了大国担当的气度之外，碳中和符合中国的国家利益。

首先，中国碳达峰确实需要时间，不可能一蹴而就。如中国的工业领域使用了48.3%的能源，而钢铁行业和化工行业又分别占据工业领域24%

和21%的能源使用量①，这些行业的需求依然持续走高，短期内减排的难度很大。那在剩余八年多的时间内我们能实现碳达峰的目标吗？从两组数据来看，我们还是可以有信心的：从钢铁存量看，日本的人均钢铁存量约为11吨，中国的人均存量约为6吨，按照中国现在的钢铁产量来推算，在未来10年内中国的钢铁存量就可以达到代表发达国家标准的日本的水平；以汽车保有量数据来看，中国最新的数据为每千人拥有汽车199辆（2020年）②，韩国为每千人拥有汽车434辆（2018年）③，而现在中国是全球最大的汽车制造国和汽车消费市场，再过不到10年的时间，中国的汽车保有量也可以达到韩国的水平。所以从经济发展逻辑来看，到2030年左右，中国的工业规模可能会趋于稳定。

其次，碳减排对中国的国家安全有利。2020年，我国石油的对外依存度为73%，天然气的对外依存度为43%④，如果某一天因为战乱或者其他原因，经过马六甲海峡的进口路线受阻，中国的能源供应和经济发展会大受影响。但如果中国的能源主体从碳基能源变成光伏和风能，那么马六甲海峡就不再是被控制的咽喉要道。所以从长期来讲，控制碳排放量、提高新能源在能源结构中的比重，是维护我国国家利益的重要措施。

最后，中国在新能源产业发展和技术发展方面都处于全球领先地位。2019年，我国光伏产业中的硅片、电池片和组件的产量分别约占全球总产

---

① 数据来自国际能源署（International Energy Agency，IEA）。
② 数据来自中国汽车工业协会，http：//www.caam.org.cn/chn/7/cate_120/list_1.html。
③ 数据来自世界银行（World Bank）。
④ 数据来自Wind数据库。

量的91％、79％和71％，逆变器产量占全球总产量的80％以上；风电整机制造占全球总产量的41％[1]；锂电池领域诞生了全球行业巨头、市值超过1万亿元的宁德时代；新能源汽车领域也出现了蔚来、小鹏等颇受市场欢迎的自主品牌。

所以，如果全球都要减排去碳的话，对中国而言，无论是商业，还是产业，都存在着巨大的机会。

减碳可以帮助中国在能源、汽车等领域弯道超车，实现产业竞争力的快速提升。

光伏和风能

现在全球的能源格局还是以化石能源为主。以2019年全球一次能源消费结构为例：石油、煤炭和天然气分别占33.1％、27.0％和24.2％，光伏、风能和水电等可再生能源合计只有11.4％[2]。

但可再生能源的发展速度很快。事实上自2013年以来，在全球的新增发电装机容量中，清洁能源已经持续超过传统能源；而根据中国政府的计划，到2030年，非化石能源在一次能源消费中的比重将达到25％以上，到2060年，清洁能源将在能源结构中占主导地位。

我们对清洁能源的未来发展抱有信心，主要有两个方面的原因。一方面，在过去这些年，光伏、风能的发电成本迅速降低，已经可以直面传统能

---

[1] 数据来自国务院新闻办公室发布的《新时代的中国能源发展》白皮书。
[2] 数据来自2020年《世界能源统计年鉴》。

源的竞争。据国际可再生能源署的统计，2010年至2019年，全球范围内光伏发电成本下降82％，陆上风电下降39％，海上风电下降29％。从2019年开始，中国很多地区的光伏、风能已经可以实现平价上网，即无须补贴，以和火电同样的价格并网发电。同时，随着技术发展和规模化应用，光伏、风能依然有相当大的潜力，进一步降低发电成本。另一方面，清洁能源的开发潜力很大。以光伏为例，先不考虑波峰波谷匹配和传输损耗等问题，要满足中国现在的用电量，在一小部分国土上铺满光伏板就可以解决了。

当然，新能源的发展还有很多实际问题需要解决。比如刚才提到的平价上网，其"价"并不是指一个全流程计算得出的成本：目前的发电模式是"需求驱动供给"，为保证发用电的实时平衡，发电侧需要通过不断调节发电量来拟合需求曲线。光伏与风能发电依赖于自然资源（光照强度、风力强度），其发电能力是随资源的波动而波动的，调节、消纳的成本比火电等传统能源要高很多，包括用其他能源辅助的方式或者用新建储能的方式去调频调峰，对电网的设备、线路进行智能化改造等。

以英国为例，2010年以前，英国平衡电力系统的成本一般占整个发电成本的5％以内，而近年来，随着新能源在英国能源结构中的占比逐渐提高，平衡成本在2020年升到了发电成本的20％左右。储能一方面可以帮助解决新能源的消纳问题，在很大程度上避免弃风、弃光等问题；另一方面也可以平滑发电曲线，降低对电网的压力和改造成本。所以储能相关的行业在未来可能存在巨大的商机。根据光大证券的数据，2020年储能市场的总规模为152.8GWh，市场规模约为2300亿元。其中，51％的储能用于风电和光伏的配套，同时，18％的储能用于包含工商业及居民家庭在内的用户侧，由于储能本身是对电力系统的调节，峰谷电价的套利成为用户侧储能的重要应用场景之一。以北京的世贸天阶储能站为例，北京全天峰谷价差约为 1 元，低谷电价只有 0.3 元，峰值电价高达 1.4 元。储能站在低谷时买入电量储存，到峰值时卖出电量，起到了削峰填谷的作用，让商场每年节约 100 万元～200 万元的电费①。

目前最普遍的储能方式是抽水蓄能（占比 90%），但受制于地理条件，应用范围有限。随着电池成本的下降，电池储能可能会成为未来储能市场的主要增长来源。目前电池储能依然受电池成本的制约，以美国的光储一体项目为例，在储能电池容量和光伏装机量容配比 25% 的情形下，发电系统将增加约 11% 的成本；在容配比 50% 的情形下，将增加高达 27% 的发电成本。但随着技术进步和规模效应，未来储能电池的价格预计将下降，储能市场有机会迎来高速发展。

新能源汽车的爆发式增长

在全球减排的背景下，新能源汽车在政策层面和成本层面都迎来了发展的黄金时期。

欧洲各国为实现《巴黎协定》设定的目标，预计将在 2025 年后逐步淘汰燃油车，全面禁止出售汽油车和柴油车。2019 年 3 月，海南省政府正式对外发布了《海南省清洁能源汽车发展规划》，提出 2030 年起全域禁售燃油车，由此，海南成为中国第一个宣布禁售燃油车时间表的省份。

新能源汽车正在加速替代燃油车。据安永的预测，欧洲、中国和美国

---

① 央视财经频道《天下财经》栏目"光伏催生新产业，储能市场前景看好"专题报道，2020 年 11 月 22 日。

市场的电动汽车销量将在未来12年内超过燃油车；据中汽协的预测，未来五年中国新能源汽车销量年均增速将在40%以上。

成本方面，过去十几年，动力电池领域出现了类似摩尔定律的成本下降曲线。电池发电成本平均每年下降18%。所以现在的新能源汽车在成本上越来越有优势，而且这个趋势似乎还没有停止的迹象。

2020年，新能源汽车呈现出爆发式增长的态势。在这一年，市场逐渐认识到，新能源汽车不仅在性能上具有优势，在成本方面，即使在没有政府补贴的情况下，也有非常强的竞争力。

从高额补贴到补贴逐步取消，再到新能源汽车与燃油车成本持平甚至更低，新能源汽车的经济性在曲折而迅速的发展中得到了验证。

综上，气候问题是人类目前面临的最大敌人，其破坏性是全球性的。但是，由于碳排放污染的外部性，而且解决问题的成本巨大，如何让全球各国达成共识，共同面对人类的敌人是一件很困难的事情。可以说，没有共识就没有解决方案。而达成全球共识的基础是中美两国，作为世界最大的两个经济体，两国首先需要达成共识。所以，从这个意义上讲，全球气候问题虽然是人类的灾难，但能起到促进中美合作的积极作用。

除了新能源技术的进步之外，大幅增加碳排放的成本也是解决气候问题的核心要素。无论是碳税还是碳交易，都是为了增加碳排放的成本。由于碳排放的普遍性，这种成本的增加将会影响社会的方方面面，并不局限于工业或是新能源企业。

全球正在掀起一场碳中和以及新能源的革命，其规模和重要性不亚于我们已经经历了几十年的IT革命。如何未雨绸缪，走在低碳时代的前沿，是每个国家、每个企业都必须仔细思考的问题。

经济的虚与实[1]

> 经常听到关于实体经济和虚拟经济的争论，大家似乎认为，虚拟经济很强大，而实体经济处于劣势。有人呼吁政府出台政策，发展实体经济，打压虚拟经济。写这篇文章的目的就是想说明虚拟经济是个伪概念，应该被摒弃。

"实"与"虚"的舆论之争并不公平。如果只有一个赢家，"虚"是不会赢的。这就像两个孩子打架，一个名叫"好娃"，另一个名叫"坏娃"，街上的人不知道孩子们为什么打，如果要拉架，肯定偏向"好娃"。同样，大多数人相信，经济应当是实实在在的，关系到老百姓的福祉和国家兴旺，怎容虚拟经济捣乱？

---

[1] 原文发表在 2017 年 6 月 5 日的《财经》。

由于可能产生偏见，没有人会给孩子起名"坏娃"，但有人把某些经济活动（主要是金融和互联网）归类为"虚拟"。而在现代经济学体系里，并没有"虚拟"这个概念。虚拟经济包括哪些内容，说法也不尽相同。

金融和互联网是两个完全不同的概念，在经济中起着完全不同的作用，为了方便分析，我们可以把金融和实业对立，实业解决制造和服务问题，金融解决投资和融资问题。我们也可以把互联网等新经济，和之前的传统经济对立起来，它们的区别主要在对信息技术的利用上，只要信息技术用得多，传统经济也可以变成新经济。

按照上面的分类标准，无论是传统经济还是新经济，都可以既有实业也有金融；无论是实业还是金融，也都可以既有传统经济也有新经济。这两组概念是交叉的，所以无法把金融和新经济统称为"虚拟经济"，"虚拟经济"是一个含混的概念，对经济分析的价值是负面的。

当前，所谓传统经济，无论是实业还是金融，正受到信息技术，尤其是互联网技术的颠覆式改造。互联网的力量并不来自它的"虚"，因为它一点也不虚：互联网技术使信息的运算成本、传输成本、存储成本以每年百分之三十几的速度下降。

互联网的兴起必然会对传统经济的高信息成本环节产生巨大影响，比如通过互联网，渠道成本和存货成本等可以大幅下降。如果一家传统企业拒绝做"＋互联网"的改造，竞争能力会大打折扣。在"＋互联网"改造的初期，哪家企业跑得快，哪家企业就更有竞争力。大家公认的互联网公司，比如阿里、腾讯，走在互联网经济的最前面，竞争和盈利能力都很强。

当然，互联网公司不会取代实业，因为它们本身就是实业，是实业的一种新模式，并不是金融。当大多数实业公司完成"＋互联网"的改造后，利润会被重新分配，实业公司会获得其中的一部分利润。消费者要的是以最低价格、最方便的方式，取得最优质的产品和服务。互联网可以帮助消费者很快找到最低价格，但在鉴别产品和服务的质量方面帮不上大忙。

相对于实业，金融的繁荣与互联网没关系。在中国，金融体系长期以来是国有金融机构主导、深受政府影响的系统。中国金融机构不仅有商业性的，也有政策性的。因为金融机构要为国企、政府投资提供价格低廉的资金，所以爱储蓄的老百姓就得不到很好的回报，民营企业就会遭遇融资难的困境，这就是"金融压抑"。其中，多数金融机构处于半垄断的市场环境，掌握定价主动权，业务规模相对较大，盈利能力相对较强。但金融并不直接创造价值，金融的商业价值和社会价值，来自它对实业的扶持，只有实业创造价值了，金融作为辅助机构才能实现自己的价值。

综上所述，"虚拟经济"是一个模糊的、不科学的概念，应该被摒弃。中国的实业处于艰难转型期，面临多方面挑战。互联网是一项新技术，带来了冲击，更带来了机遇，传统企业拥抱这项新技术是唯一的出路。但是，一个压抑性的金融体系，对产业升级和民企壮大都没有好处。通过改革和市场化，把金融从一只压抑的"手"变成一只帮助的"手"，这是让中国实业振兴的重要条件。

零利率的经济学[1]

> 笔者提出一个解释零利率的创新理论，把零利率与贫富分化、需求不足、央行放水降息、资产泡沫、债务膨胀联系起来，说明零利率最根本的驱动因素是贫富分化。零利率和债务高企意味着未来的经济增速和资产回报率都会面临巨大的下行压力。

世界正在进入零利率时代

2020年是一个特别的年份，新冠肺炎疫情导致世界迅速进入零利率时代。

---

[1] 本文与研究员陈宏亚合著，原文发表在2020年12月14日的《金融时报》。

2020年3月15日，美联储宣布降息，将联邦基金利率从1.25%下调至0.25%。早在2008年的金融危机期间，美联储就曾将利率从2%下调至0.2%，并一直维持了7年，直至2015年10月才逐步回调。欧洲和日本也是如此。2009年5月，欧洲央行（ECB）将边际贷款利率从5.3%下调至1.8%，2014年进一步下调至0.4%，此后一直维持在这个水平，存款利率则一路从3.3%下调至-0.5%，这意味着，金融机构在央行的存款不仅没有利息，还要被收取罚息；日本零利率时代开启得更早，日本银行早在1995年就将贴现率（商业银行向央行的贷款利率）从1.8%下调至0.5%，2001年下调至0.1%，随后经历了一段短暂的回调（至0.8%），金融危机期间再次下调至0.3%，日本银行的超额存款准备金利率则从2016年开始就进入负利率区间。中国虽然还没有正式进入零利率时代，但整体趋势和欧美日非常相似，主要利率经过2008年的金融危机都大幅降低了。

存款利率可以为负，其中罚息可以看作现金的保管费；但借款利率的下限一定是零，如果借钱本身就能赚钱，就会产生无限的套利空间，所以不可能。我们把在零附近徘徊的利率统称为零利率。需要说明的是，这里的零利率指的是经济学中的无风险利率，如短期国债利率，而企业和个人由于信用风险的存在，借贷利率不会为零。

近些年形成零利率的直接原因是各国的量化宽松政策。一般来说，央行通过购买短期国债降低利率，当利率接近零时，则可以通过购买特定数量长债和其他金融资产继续增加货币供应量。在过去十多年中，欧美发达国家的央行通过持续购买国债使央行资产负债表扩大了至少3倍。2008年金融危机前，美联储资产规模占GDP的比重只有6.6%，2019年已经达到

21%，资产规模扩张了 4.7 倍。在此期间，美联储持有国债和政府支持机构债的相对规模从 5.1% 上升至 18.7%，绝对额扩张 5.4 倍；而同期欧洲央行资产占 GDP 比重从 16.3% 提高到 39.3%，资产规模扩张 3 倍，持有国债规模从 2% 提高到 24%，绝对额扩张近 16 倍；日本银行资产相对规模从 21% 上涨至 103%，绝对额扩张 5 倍，持有国债相对规模从 13% 增加至 87%，绝对额扩张近 7 倍。中国整个银行体系的贷款总额，则从 2008 年 GDP 的 150% 增长到了目前的 250%①。

在货币政策的助力下，过去十年全球经济逐渐复苏。美国于 2010 年走出金融危机，到本次新冠肺炎疫情暴发前，经济增速维持在 2%～3%；欧元区于 2014 年开始好转，到疫情暴发前经济增速恢复至 2% 的水平；日本稍差，约为 1%；中国则继续维持了十年的经济高速增长，虽然增速从每年 9% 左右逐渐降到 6% 左右。

零利率实际是一个长期的趋势

虽然从短期看，导致零利率的直接原因是央行的货币政策和金融市场操作，但实际上零利率是长期趋势的必然结果。如果把时间线拉长至 20 世纪初，我们会发现，目前的零利率是持续 40 年的降息所导致的。当下的利率水平与 20 世纪三四十年代相当。以美国 10 年期国债利率为例，1919 年美国国债的利率水平为 5% 左右；二战期间（1939 年至 1945 年）降至

---

① 美联储、欧洲央行、日本央行的资产负债表数据，以及中国的银行贷款规模、各国 GDP 数据均来自 Wind 数据库。

2%；战后利率一路攀升，在20世纪80年代初一度达到14%；从80年代中期开始利率持续下降，到2019年末已经降至2.2%左右，新冠肺炎疫情暴发后则下滑到1%以下①。

一个有趣的现象是，持续40年的宽松货币政策在带来资产价格节节攀升的同时却没有引发高通胀。如果以股票市值除以GDP来简单估计各国资本市场的估值水平，可以发现，从1980年至2018年，几乎所有主要国家的股市都大幅上涨。其中，美国股票估值从0.48倍上升至1.48倍，日本从0.71倍上升至1.06倍（1994年至2018年），德国和法国更是增长了5倍以上。但同时，全球通胀却得到了很好的控制。同样在1980年至2018年，美国年均通胀率为2.6%，日本为0.2%，欧元区更是从20世纪90年代的年均4%逐步降到目前的1%。日本其实一直在与通缩做斗争，它在1994年至2018年间的通胀率只有-0.5%②。

持续降息的目的当然是刺激就业和经济增长。然而，我们看到政策刺激并没有让经济高速增长。剔除战后快速恢复的10年，从1960年至2019年，发达国家出现两个显著变化，一是人均GDP增速不断下滑，二是人口增速不断下滑，在二者的共同影响下，GDP增速不断下滑。以美国、欧盟、日本经济或人口的年均增速取简单平均值来看，对比1961年至1980年、1981年至2000年、2001年至2019年三个阶段的情况，三大经济体人

---

① 美国长期利率数据来自Jordà-Schularick-Taylor宏观历史数据库：https://www.macrohistory.net/database/。

② 股票市值占GDP比重数据来自美国联邦储备经济数据库（Federal Reserve Economic Data）：https://fred.stlouisfed.org/，通胀数据来自世界银行（World Bank）。

均 GDP 年均增速分别为 3.6%、2.1% 和 1.0%，人口年均增速分别为 0.6%、0.4% 和 0.1%，GDP 年均增速分别为 4.3%、2.6% 和 2%。即便持续降息，经济增速依然持续下滑。

降息是为了提振需求，需求不足是结构性问题

为什么持续降息没有带来高通胀，没有带来经济高速增长，但资产价格却越来越高？在回答这个问题前，我们先来看一组宏观经济的恒等式：①供给＝需求；②供给＝产能×产能利用率；③需求＝消费＋投资＋净出口（国外需求）。

过去 40 年，全球化和技术进步极大提高了生产能力，使供给端的产能实现了大幅增长。但因为供给等于需求，因此经济增长的必要条件是需求同步跟上，否则部分产能只能闲置。不幸的是，在过去 40 年，产能在扩充，但利用率却在下降。根据美国联邦储备经济数据库提供的美国产能利用率数据，1967 年至 1980 年，产能利用率的平均值为 84%，1981 年至 2000 年为 81%，到 2001 年至 2019 年则降至 77%。这些数据说明在产能大幅提升的过程中，需求不足成了经济增长的主要瓶颈。

那么，在 GDP 三驾马车，即消费、投资和净出口中，哪种需求出现不足？如果把全球看成一个统一的经济体，那么出口等于进口，净出口永远是零。对于主要经济体来说，进出口的意义主要是嵌入国际生产体系，进出口长期必须平衡，不可能带来长期的需求拉动。所以，从全球范围来看，需求主要来自消费和投资。其中，投资需求相对容易激发，例如降息可以直接刺激企业扩大投资。但刺激投资会进入一个死循环：经济因有效

需求不足而增长缓慢，降低利率刺激投资的结果是进一步扩大产能，但扩大的产能必须用更多的消费来消化，如果消费需求不增长，问题不仅得不到解决反而会加重。同时，降低利率刺激的投资行为不会局限于实体，还包括对土地和金融资产的投资，因此，降息之后，所有的长期资产，比如土地、股票、债券都会越来越贵，产生资产泡沫。

因此，需求不足的关键不在投资，而在消费：是消费需求不足导致产能不能被充分利用，拖累了经济增长，只有刺激消费才是解决问题的关键。消费需求不足还能够解释通胀率为何不高：某种商品只有需求越多，价格才越高，消费需求不足，通胀自然不会起来。

贫富分化导致消费需求不足，降息是为了配合政府举债

为什么消费会出现结构性的不足？一个重要的原因是贫富分化。研究老百姓的消费与储蓄倾向，我们不难发现边际消费倾向会随着收入水平的提高而递减。换句话说，对一个相对贫穷的人来说，消费的欲望很强烈，限制消费的最重要约束条件是收入和财富，所以收入提高一定会带来更多的消费；而对于相对富有的人来说，因为大部分消费需求都已经得到了满足，更多的收入只会有很少的一部分用来消费，其余的都会变成储蓄。而储蓄的财富通过金融体系会转化为投资。所以，如果贫富分化加剧，由于富人消费需求增加相对较少，但穷人又没有收入来支撑消费，社会的整体消费需求就会减少。

在过去 40 年中，各国的贫富分化均发生不同程度的上升。以美国为例，根据世界财富与收入数据库提供的数据，1939 年，美国收入居前 10% 的人群所占的收入份额为 47.8%，收入在后 50% 的人群的收入份额为 14.0%，两个人群的收入份额差距是 33.8 个百分点，战争使贫富分化问题得到缓解，到 1945 年，收入居前 10% 的人群和收入在后 50% 的人群的收入份额分别为 35.6% 和 19.7%，差距是 15.9 个百分点，此后直至 1980 年，两个人群的收入占比一直维持在这个水平；1980 年后贫富差距迅速扩大，到 2018 年，收入居前 10% 的人群和收入在后 50% 的人群的收入份额分别为 46.8% 和 12.7%，差距是 34.1 个百分点，这个水平与 1939 年相当。其他发达国家也是类似情况。中国的改革开放带来了整体经济的迅速腾飞，但同时也带来了更加尖锐的贫富分化问题。

为了缓解贫富分化带来的社会矛盾，同时也为了解决随之而来的需求不足问题，主要发达国家都进行了不同程度的转移支付，给贫困人口发放政府补贴，让他们获得高出其收入水平的消费能力。OECD 研究了美国、法国、荷兰、澳大利亚、韩国等国家的国民储蓄情况，研究将人群按收入水平等分为 5 组，大部分国家的位于收入最低两组的人群，即至少 40% 的人口储蓄率为负，美国则有 60% 的人口储蓄率为负。这说明贫困人口的消费是比较强劲的，他们事实上花掉了比自己收入更多的财富。

对于大部分国家来说，政府最重要的转移支付方式是社保和医疗方面的支出。以美国为例，1980 年至 2019 年间，在美国政府支出中，医疗和社保支出占比从 44% 上升至 63%，占 GDP 的比重从 9% 上升至 13%[①]。正是由于这些数额巨大的转移支付，使得贫困人口可以拥有更强的消费能力，从而提高社会的整体需求。

如何在不增加税收的条件下增加转移支付：债务膨胀

那么，用来补贴穷人的钱从哪里来呢？既可以是对富人进行征税，也可以是在税收不足以应付的情况下，向外举债，举债额度取决于未来税收情况。

自 20 世纪 80 年代开始，以里根经济学和撒切尔主义为代表的欧美国家，崇尚小政府大市场，主张削减税收，欧美国家的公司所得税率、个人所得税最高边际税率不断下调，目前约为 20 世纪 80 年代初期时的一半。税收在减少，转移支付的压力与日俱增，唯一的出路只能是政府举债。

1980 年至 2019 年，发达国家居民、企业、政府的债务都在上升，其中，政府部门负债上升最多，美国政府债务占 GDP 的比重上升了 59 个百分点，法国上升 78 个百分点，英国上升 40 个百分点，德国上升 31 个百分点，日本最严重，上升了 153 个百分点[②]。

综上所述，自 1980 年至今，全球化和自动化使产能得到极大提升，与此同时，各国政府不断下调对富有人群的征税税率，贫富差距逐渐扩大。

[①] 美国财政支出数据来自白宫官网：https://www.whitehouse.gov/omb/budget/historical-tables/.

[②] 各国政府、企业、居民债务占 GDP 比重数据来自国际清算银行（BIS）：https://www.bis.org/statistics/about_credit_stats.htm?m=2673.

低收入人群由于收入太少导致整个经济有效需求不足，拖累了经济增长。为了刺激经济，政府选择降低利率。降息对私人消费和生产性投资有一定的刺激作用，但作用十分有限，反倒是政府的举债动机被大大激发，政府正好通过举债替代税收完成转移支付。降息在一定程度上刺激了私人投资，但同时也使产能进一步过剩，并导致资产价格上升，贫富差距进一步扩大，有效需求减少，于是政府继续扩大举债规模……循环往复，利率越来越低，债务越来越高。

零利率意味着什么

零利率、资产价格上升、低通胀、贫富分化、转移支付、债务激增都是紧密连接的概念。出现这一系列的不平衡是由于各国政府一直在运用短期的刺激政策试图解决长期的趋势性问题。零利率使我们终于在 40 年以后走到了这种头痛医头、脚痛医脚的极限点。今后的 40 年，这种不平衡无法无限期地维持下去，最终一定会以或平缓或激烈的方式重新回到一种可持续的平衡中去。技术进步的力量是无法阻挡的，但全球化正在因为这种不平衡而放慢脚步，甚至倒退。全球拥有巨额资产的投资者应该意识到，自己账上的资产只是一个数字；国家的债务总是要还的，但低收入阶层并没有这种能力，所以国家的债务实际就是这些投资人或者他们后代的债务。如果把资产和负债一起看，其实净资产并没有账面上看到的那么多，很大一部分的资产都被负债抵消了。

纵观历史，偿还国家债务无外乎三种方式：一是通过增加税收直接偿付；二是通过相对高的通胀水平隐形毁约；三是直接毁约。这三种方式，没有一种不会带来痛苦。增加税收会减缓经济增长，增加就业压力。高通胀控制不好会变为恶性通胀，进而失控。1919 年至 1950 年间，法国和日本的年均通胀率分别为 14% 和 20%，最极端的是德国，年均通胀率高达 155%[1]。直接毁约往往是社会革命、政权交替的副产品，其带来的社会动荡是所有社会都避之不及的。所以，比较下来，我们可以预期世界主要经济体在不久的将来，大概率都会产生越来越强的反对绝对自由经济的思潮，在行动上会增加税收，增加转移支付，小幅提高通胀率，用以解决 40 年来缓慢形成的经济极端不平衡问题。

---

[1] 数据来自 Jordà-Schularick-Taylor 宏观历史数据库：https://www.macrohistory.net/database/.

需求不足,从哪里找[①]

中国进一步发展需要解决需求不足的问题,政府可以采取的措施包括提高劳动者收入、财富再平衡、改革国有企业,以及促进高端消费。本文的主要观点和2021年政府倡导的共同富裕不谋而合。

需求的三驾马车

在任何一个经济体里,供给等于需求。用通俗的话说,就是生产出来的东西都得派上用场。以烧饼为例,假设我们只生产烧饼,那么生产出来

---

① 本文发表在2018年11月9日的财新网。

的是供给，消耗掉的是需求。自己吃的是消费，卖给外国人的是出口（为简单起见，先不考虑进口），留给以后吃的是投资。我们的供给正好等于消费、（净）出口、投资的总和。从长期来看，我们的经济要增长，我们制造烧饼的能力就必须不断加强，这是供给侧的因素。但如果我们自己吃不了或者外国人不进口了，我们制造的能力再强，也无法提高供给，因为没有需求。当然，我们可以义无反顾地持续制造，但结果就是积压大量存货。解决的办法只有两个：要么明年只吃存货，不做新鲜烧饼了，但这样明年的GDP就会下降；要么把存货倒掉，这样虽然能保持生产和就业，但我们的财富会大幅缩水。所以，需求和供给对经济同等重要。没有需求，产能就没有意义。

　　需求是由什么决定的？财富。在市场经济里，任何有财富的人或机构都可以产生需求。需求的背后就是客户，真正的客户必须有钱。从大类上讲，客户无外乎老百姓、企业、政府、外国人。其中，老百姓和外国人的需求是刚需，是所谓终端消费。企业的作用是生产和扩大再生产（投资）。由于企业生产的产品最后还是要卖到老百姓和外国人手里，所以来自企业的终端需求只是生产资本的积累（投资）。政府的需求有消费需求、投资需求和转移支付（一般是把钱从富人转移给穷人）。由于转移支付只是个中间过程，所以来自政府的终端需求实际只有政府的消费和投资。加总起来，我们就又回到了需求的所谓三驾马车：老百姓和政府的消费、企业和政府的投资、净出口。

为人民服务的市场机制

由于需求的核心是购买商品或服务的冲动，所以需求量就和消费者的使用需要、财富以及产品的价格有关。使用需要可以是刚需，例如餐饮、住房、交通、小孩子的教育、老年人的保健等等；也可以是更高级的需求，如旅游、奢侈品等。价格是调节供需关系的核心要素，一般来讲，什么东西价格高了，供给就会增加，需求就会减少，反之亦然。同样，价格也会随着供需关系的变化而变化。

在什么情况下需求会出问题？我们说需求本身是没有问题的，需求就是需求，我们肚子不饿自然就没有吃饭的需求，因此肚子不饿不吃饭不是件坏事。问题出在供给和需求的匹配上。如果我们给一群老人修一个幼儿园，自然没有人用，这个供给就没有需求，这是因为没有使用需求。同样，如果我们到农村开个 4S 店卖奔驰、宝马，自然没有客户，这个店就是白开了。但如果我们进行大甩卖，降价 50%，所有的车很快就能卖掉，供需就能平衡。这是因为我们产品的价格和消费者的购买力必须匹配。

所以，解决供需问题的关键在于我们要能清楚地知道老百姓、政府、外国人到底有哪些使用需求，他们的购买力有多大。如果我们有 14 亿客户，每个客户有 200 种使用需求，每种需求有高中低 3 个档次，我们就一共有 8400 亿个不同的需求。要把这些需求都弄清楚是件很困难的事情。如果我们过分自信，觉得用一家公司就能弄清楚所有的需求，所有的生产都按一个自上而下的计划来做，那么结果就是制造出来的东西卖不出去，老百姓需要的东西又紧缺，最后变得贫穷落后。

如果自上而下的计划不行，那如何来应对这么庞大且复杂的需求矩阵呢？目前看来，唯一的办法是通过去中心化，让每家公司各自去服务需求矩阵中的某一个局部。这些公司可以通过调研知道大家到底需要什么。但调研费时费力，成本很高，最有效、最重要、最廉价的信息实际是商品价格：价格高了，公司就知道需求相对于供给在增长，是扩充产能的时候了，反之亦然。这就是市场经济，我们中国人手里百分之九十以上的财富都是在引入市场经济后才创造出来的。市场的一个作用是让我们比较清晰地知道老百姓的需求是什么。

需求低迷的最重要因素是收入太低

在市场经济下，需不需要管理需求？一般情况下不需要，因为供给和需求是平衡的，供给因需求而产生。那为什么很多人说我们有内需不足的问题？之所以说内需不足，是因为有的供给并没有对应的需求。那没有需求的话，为什么还会有供给？最重要的原因是投资。无论是企业还是政府，投资的目的都是服务未来的需求。未来的需求和现在的需求不一样，有一个判断的问题，决策者得根据情况判断未来的需求在哪里。看看我国目前GDP的组成情况，消费占50%，投资占45%左右，净出口不到5%[1]。投资占45%是个很高的比例，发达国家的投资占比不到我国的一半。这么高的投资比例说明我们在做判断时有一个假定条件，就是未来的消费增长会非常快，以至于能消耗掉这些快速增长的产能。

---

[1] 数据来自国家统计局、财政部。

这个假定条件显然不成立。过去增长很快的是净出口，但西方发达国家的人们早已把手里的信用卡都刷爆了。外国人靠不住，那么就只剩下内需。中国经济要实现可持续增长，消费占 GDP 的比重至少要达到 70%。如果这种转型需要十年时间，那么每年的消费增速就得超过 GDP 整体增速将近 4 个百分点。也就是说，如果 GDP 每年增速是 6%，消费增速就得是 10%，这是一个很高的增速。

今后经济要增长，必须靠消费拉动。一个最重要的问题是中国老百姓为什么不消费？

中国老百姓确实由于各种原因比外国人更喜欢储蓄。但消费不足的最重要原因其实不是储蓄，而是老百姓的收入不足。纵观世界各国，消费的增长和收入的增长几乎是同步的，我们国家也不例外。近些年来，我国人均 GDP 的增速远高于人均收入的增速：从 2003 年到 2017 年，人均 GDP 增长了四倍，但人均收入却只增长了两倍多一点，结果是私人消费在经济中的占比不是上升了，而是下降了。多出来的财富越来越多地到了政府和企业的手中。而企业和政府能做的事情就是投资。老百姓没有钱，怎么消费呢？加上高房价对其他形式的消费更是形成了挤压效应：钱都拿去买房了，就没有余钱买其他东西了。所以，增加消费就必须增加老百姓的收入。

财富再平衡是增加收入的必经之路

如何增加老百姓的收入？除了经济的整体增长外，只能是企业和政府向老百姓让利。降低个人所得税是个很好的开始，但减税的钱从哪里来？

如果不是从企业或政府那里拿，就只能靠增加国家的债务。靠增加国家债务的减税不会有明显的效果，因为国家的债务也是从老百姓那里借来的，等于老百姓自己借钱给自己。这就像武侠小说里写的某位大侠跳到空中后，把右脚往左脚上一踩，又凭空拔高一丈，不符合原理。所以钱只能是从企业或政府那里拿。中国需要的是一个财富的再平衡。

中国所有的企业（包括民企和国企），以及政府（包括中央政府和地方政府），都需要参与到财富再平衡的过程中来。一个生态体系，可以有老虎、羚羊、青草。老虎太多，羚羊就会绝迹；羚羊太多，草会被吃光，最后羚羊和老虎也都会饿死。为了整个生态系统的健康，老虎的生存基础是羚羊，所以要保护羚羊；羚羊的生存基础是青草，所以要保护青草。浓郁的青草是整个生态系统健康的最根本条件。老百姓的消费就是经济体系的青草。只有老百姓有钱了，才能消费，企业才能赚钱，政府才能收税。老百姓没有钱，企业的产能再大，也无法开工；企业没有利润，政府也就没了税收来源。因此，无论是企业还是政府，哪怕为了自身的利益，也应该想方设法让老百姓富起来。

国有企业在贫富再平衡的过程中起着至关重要的作用。这里倒不是说国有企业有多少财富能拿来分给老百姓，国有企业确实有大量的资产，有统计说有一百多万亿人民币，但最重要的原因是部分国有企业的效率相对较低，所以为了维持这部分国有企业，老百姓不得不每年向它们大量输血。这种利益输送主要有两种方式：一种是以银行为中心的国有金融体系，借助利率管制从老百姓那里以低成本获得储蓄，然后再优先以低于市场水平的利率贷款给国有企业。国有企业可以把钱拿来经营，也可以直接把钱拿到市场上去做理财就能赚钱。这种盈利模式显然并没有创造价值，是寻租式的行为。另一种方式是以市场的准入限制来对国企进行政策倾斜。国企可以干所有的事情，而民企只能干其中的一部分。准入限制降低了行业的竞争，老百姓获得的是相对更高的价格和相对更差的服务。怎样才能让老百姓有更多的财产性收入？国企通过改革提高效率是关键。由于国企的体量巨大，所以从某种意义上讲，国企改革是决定今后中国经济成败的胜负手。

财富再平衡的合理方式是转移支付，刺激基建起到阻碍作用

值得注意的是，在财富再平衡的过程中，供给和需求的匹配必须是一个核心的考量因素。老百姓的需求是多维的：饮食、服装、住房、教育、医疗、交通、娱乐、政府服务等。为了简单起见，我们假设老百姓只有两种需求，教育和住房。个税减少后，大家手里有钱了，但并不是在两种维度上都会有同样的需求。比如他们很可能需要更多更好的教育，但因为已经买了房子，可能对住房就没有更多的需求，那么正确的办法就是减少对住房的投资，用省下来的钱充当减税的资金来源，这样在不增加债务的情况下可以促进财富再平衡。如果减少对教育的投资，结果就是教育需求增加了但供给却减少了，就会引起价格的虚涨而老百姓却没有得到实际的好处。从整体上看，中国正处于人均 GDP 9000 多美元的阶段，社会整体需求的方向是教育、医疗、养老、文化娱乐、旅游、金融服务等以人为核心的产业，而不是基础建设、房地产等。所以从这个角度讲，政府为刺激经济，加大对基础设施的投资对财富再平衡实际有负面效应。

如果增加对基础建设的投资是促进内需的错误方式，那么什么是更好

的方式呢？实际很简单，减税、增加转移支付就可以了。老百姓有了钱自然会去买他们需要的东西，需求就会产生，供给不足的话，价格就会上涨；企业看到价格上涨带来的盈利机会，自然会扩大老百姓需要的产能，给老百姓带来更好的教育、医疗、养老等服务。有人可能会说，基础建设投资我们进行了几十年，效果不是很好吗？再说，就人均基础设施而言，中国仍然远低于美国，空间不是很大吗？第一种想法之所以错误，是因为我们以前的高投资在很大程度上是为了服务出口，但目前国际需求已然到顶，美国发动的贸易战就是一个例证。第二种想法的错误之处在于没有考虑到平衡在经济健康中起到的至关重要的作用。光拿出基础设施来比较的话，得出的结论一定是错误的。这就像一个中等收入的人如果得到一笔财富，变成一个更富有的人，他应该用增加的财富来提高生活质量，比如饮食、住房、教育、医疗等。这样可以让他的幸福指数最大化。如果他不吃不喝把钱都用来买辆法拉利过一把当富人的瘾，这种做法显然是非常愚蠢的。虽然有了钱，车也可以好一点，但不能把钱都花到车上。那么谁来判断老百姓最需要什么？当然是老百姓自己。有谁比老百姓自己更清楚地知道自己的需求呢？如果我们想让老百姓过得更好一点，给他钱就可以了。如果我们直接买一辆法拉利送给他，他卖也卖不掉，这种做法，肯定是吃力不讨好。

高端消费也是消费，也需要鼓励

消费的另一个层面是所谓"高端消费"。根据《福布斯》（Forbes）的统计，全世界以美元计的百万富翁，中国有两百多万人，在世界上排第二，仅次于美国。如果考虑中国在国际上较低的物价水平以及统计上的疏漏，中国有高端消费能力的人应该有数千万。这些人的消费也是经济发展的重要引擎。但他们的消费和普通中产阶层很不一样，他们对产品的质量要求会非常高，种类也不尽相同。普通的中产阶层有了多余的收入，可能会用于改善基本生活条件；而这些富裕阶层可能是买奢侈品，打高尔夫球，到国外旅游。这些需求听起来好像和我们勤俭节约的传统美德不符，但如果我们不提供这些需求的供给就只有两种可能：一种是这些高端消费需求被抑制，财富变成了投资，扭曲经济结构；另一种则是这些富裕阶层到国外去完成他们的消费，用他们的需求拉动其他国家的经济增长了。

由于我国的教育资源有限、质量欠佳，大量的家庭把孩子送到国外留学。很多家庭甚至在孩子上中学时就送孩子出国。2017年，全世界有18%的留学生来自中国，在美国有35万的中国留学生，澳大利亚有16万，英国有9万，日本有9.8万。如果每个留学生每年平均花两万美元，这就是个规模上百亿美元的市场。如果在国内设立更多的国际一流的学校，这些需求不就能拉动我们自己的经济增长吗？

再拿旅游来说。我国每年有上亿人出国旅游。和其他国家不同的是，我国的旅游者人均消费是全世界最高的，每次出国花费三千多美元。所以，国际旅游是个四千亿美元的市场。看看我国旅游者购买的东西，不难看出他们买的大多数东西都是所谓的奢侈品，比如高档化妆品、保健品、箱包、服装等。之所以这么能买不是因为他们比外国人有钱，而是因为关税使这些奢侈品在国外的价格大大地低于国内。如果我们适当降低或取消关税，这些购物行为就有可能发生在国内，带动我国的经济增长。

最后我们再看看高尔夫。这是个国际流行的体育运动，也是个很大的产业。高尔夫与其他运动有很大的不同：其一，它是一个老少皆宜的运动,十岁就可以开始打,一直到八十岁。其二,它所需要的花费高,要买球具、设备,很多球场还有球童服务。一个高尔夫爱好者每年可能有几千到十几万元的花销,一个球场可以提供几百个就业岗位。美国人口是中国的四分之一,但有一万五千个球场。我国只有几百个,跟韩国差不多。我国高尔夫发展不起来是因为政策的限制。政府不支持高尔夫的发展,不批准高尔夫球场的建设,于是球场就很少,打高尔夫球的价格就很贵,真正变成了一种超高端消费。在美国的公共球场打一场高尔夫球经常是花二十美元就能搞定,这对中产阶层而言不是个问题,在我国没有一百美元下不来。由于需求大,供给又少得可怜,于是经常有人铤而走险违规建设高尔夫球场,被发现后又再恢复原样,造成社会资源的浪费。这里的问题是,要拉动内需,我们需要让这种高端消费有合法合规的渠道。如果不给这些喜欢打高尔夫球的高收入阶层提供一个合理的渠道,这些人的消费如何提高呢?再多吃一顿饭,多买一件衣服恐怕并不是他们所需要的。把钱都拿去买烟抽,买茅台酒喝,更是有损健康。如果他们也不消费,那就又只能投资基建了。

以上只是几个例子,想说明的是拉动内需和基建投资所需要的是两种完全不同的思维方式。基建是可以像野战军将军一样拿着地图布置任务,消费需求则来得琐碎,东一点西一点,这儿几百亿那儿几百亿,但加起来是个庞大的数字。如果我们用自上而下的老眼光,即使拿再大的地图,恐怕也找不到这些需求。但你换种方式,放松管制,老百姓自己会用市场的手段告诉你很多还没有被满足的需求。

综上,老百姓的消费不足有两个原因:一个是中产阶层的收入增速大大低于GDP增速,另一个则是高端消费的渠道不畅。因此,我国内需的提振需要财富的再平衡，也就是企业、政府向老百姓让利，其中国有企业的效率提升是关键。此外，高端消费也是需求，一样需要鼓励。

  我国经济从投资驱动到消费驱动转变的核心问题是观念的转变。老百姓自己最知道自己需要什么，他们有了更高的收入，自然会告诉市场他们的需求有哪些，而我们只要让市场正常运转，供给就一定会产生，然后经济就发展了。因为无论如何，需求等于供给。

人民币的国际机遇[1]

> 本文论述人民币的国际化将会是一个漫长的过程，决定性的因素是国际贸易和投资对人民币的需求。而这种需求受到中国经济的基本面以及资本市场的开放程度的影响。

随着我国经济的增长和国际影响力的提升，人民币国际化被提上了议程。有人建议，政府应该抓住这个历史机遇，积极推动人民币国际化的进程。这引出了一系列问题：为什么人民币需要国际化？人民币能国际化吗？政府在人民币国际化的进程中能起怎样的作用？

我们发现，人民币国际化对中国的国际地位提升和经济发展有很多的好处。虽然政府可以起到一定的推动作用，但人民币国际化的进程主要受

---

[1] 原文发表在 2013 年的《经济观察报》。

中国的综合国力和国际市场需求的影响。

目前国际通用的货币比较多，但真正能谈得上是国际化货币的可能有四种：美元、欧元、日元、英镑。主要的国际化货币是在国际贸易、投资中被广泛接受和使用的；同时，它们也是国际储备货币的主要组成部分。美元的霸主地位非常明显：根据国际清算银行（BIS）和国际货币基金组织（IMF）2013年的数据，世界43％的外汇交易涉及美元，65％的外汇储备是美元。欧元紧随其后：16％的交易涉及欧元，22％的外汇储备是欧元。日元、英镑的影响力相对较小，平均占到外汇交易的8％、外汇储备的4％。

国际化的货币对发行国有什么好处？首先，从政治上讲，国际化的货币是大国地位的象征。从纵向上看，在20世纪初，随着英国的没落和美国世纪的到来，国际货币也实现了从英镑到美元的转换。二战后，伴随着德国和日本的经济奇迹，德国马克和日元也迅速获得了巨大的国际影响力。其中，随着欧盟的创建，马克脱胎换骨，以欧元的形式继续在国际上发挥其影响力。

其次，从经济上讲，国际化的货币能带来一系列的好处。第一，随着发行国货币被世界接受，发行国的全球融资成本随之降低。美国可以拥有全球最低的融资成本，其中一个原因是它的债务是以美元计价的；阿根廷之所以屡次违约，其债务无法展期，原因之一也是因为它是美元债，但阿根廷无法发行美元，所以一旦出现流动性问题，往往会造成大规模的违约破产。第二，国际化的货币可给本土企业自动带来高效的汇率风险管理机制，最大程度减少收入和成本的价格错位，降低风险管理成本。目前，美国和欧盟的企业有这样的优势，但其他国家都需要或多或少地在汇率风险管理上付出代价。第三，货币国际化的前提是货币可自由兑换且资本项目开放，在此基础上，如果进一步让汇率自由波动，就可以实现真正意义上的货币政策独立性。对于像我国这样规模巨大的经济体来说，由于经济增长率和经济周期都不会和美国完全同步，因此保持货币政策的独立性越来越重要。

最后，对我国来讲，人民币国际化是经济转型、深化改革的一个体现。国际化的人民币是中国经济进一步市场化、全球化的体现，是我们改革的方向。

国际化的人民币是我们想要的，但我们能否拿得到？我觉得，其中会有很大的困难。一个国家的货币成为国际化货币是有它内在的原因的。市场的需求是关键。今天，全球之所以都愿意要美元、用美元，是因为它有最好的流动性、稳定的价值，以及良好的商业信誉。欧元也是类似，英镑、日元就差了些。

这些国际货币的属性不是与生俱来的，其决定因素是货币发行国的基本面。发行国贸易和投资市场的规模有着决定性的意义。小的国家或经济体可以有国际化的货币，但其影响力会非常有限。瑞士、新加坡都属于这一类。美国和欧盟的贸易和投资市场规模巨大，所以其货币就占主导地位。日本是贸易大国，但投资市场相对弱小，且开放程度不高；英国是国际金融中心，但贸易规模相对较小。我国虽然贸易规模巨大，但投资市场用全球眼光看是非常小的。所以在基本面上我们还是有很大欠缺的。

除了规模，国家的全球化政策也起着重要作用。美国认为它的国家利益应该遍布全球的各个角落，因此它试图把全世界对其有利的资源都利用起来，同时把其市场乃至社会广泛开放给其大部分合作伙伴。美元的作用在这种全球化政策下自然就发挥得淋漓尽致。日本就有很大的局限性，其相对封闭的文化和政策使日元没有能够发挥出和其经济体量相匹配的作用。我国经过数十年的追赶，成了世界第二大经济体，但我们的全球化程度仍然不够。这个短板如果不克服，人民币将发挥不出它在国际上应有的潜力。

综上所述，我国巨大的经济体量说明人民币成为主要国际货币有非常大的潜力，但其将来国际化的成功远非铁板钉钉。我国金融市场的全方位开放，与大国地位相符的全球化视野和政策，都是促进人民币国际化的必要条件。

中国的外汇储备该怎样投资[1]

> 主权基金的投资面临五大风险：系统性和非系统性风险，信息风险，道德风险，政治风险，流动性风险；建议投资组合偏向高流动性的上市公司股权。从 2008 年到 2022 年，标准普尔 500 指数上升了 350% 左右，年化 11% 左右。

外汇储备的投资在国民经济中占着举足轻重的地位

经过数十年的苦心经营，我国的外汇储备达到了 1.3 万亿美元，是世界第一。按汇率，1.3 万亿美元折合人民币 9.7 万亿，是国内生产总值的

---

[1] 本文与我的长江同事曹辉宁教授合著，发表在 2007 年 9 月 12 日的《第一财经日报》。

将近一半。由此可见，外汇储备的投资在当今的国民经济中占有举足轻重的地位。

关于外汇储备有两个重要议题。第一，我国到底需要多少外汇储备，1.3万亿美元是不是太多？第二，既然我们已经有了这么大规模的储备，应该怎样投资？这两个议题在很大程度上是关联在一起的，储备量是否太大跟我们拿钱来具体做什么有关。同时，人民币是否被高估，是否应该升值，也和外汇储备的管理息息相关。但因篇幅有限，我们这篇文章只集中讨论第二个议题。

外汇储备投资方式的转变

我国并没有公开披露外汇储备投资的具体构成。但研究发现大部分的储备是被投到了国际债券市场（尤其是美国）。2004年以前，主要投资方向是美国国债和房地产抵押债券。2004年以后，央行逐渐增大了对公司债的投资。总之，到今天（指本文写作时间2007年）为止，我国的外汇储备主要是被投到了低风险、低回报的债券市场，很少被投到高风险、高回报的股票市场。在外汇储备量较小的情况下，这种投资方式没有太大的问题。这是因为规模较小的外汇储备主要是被用来满足国际贸易中对外支付的需求以及缓冲人民币波动的压力，因此要求将外汇储备投放到高流动性、低风险的金融证券上。

当外汇储备量远远大于国际贸易中对外支付的需求时，对外汇储备的管理就变成了一个投资问题。既然要投资，当然就要考虑风险和回报之间的平衡问题。我国目前的外汇投资相对保守，失去了一部分可以预期得到的风险回报。从长期的历史经验来看，股票型的金融证券带来的投资回报远大于债券型的金融证券。即使用比较保守的 3% 来计算，由于我国外汇储备的体量巨大，股票型与债券型投资的收益差别也可达到国内生产总值的 1.5%！这样大的利差让我们不得不考虑冒一些风险，将一部分外汇投到非主权债的风险投资领域里去。国家最近决定拿出两千亿美元建立国家外汇投资公司正是向这个方向迈出了坚定的一步。从现代投资理论的角度来看，这样做是很有道理的。

高收益投资的两个方向

那么，应该怎样来使用这两千亿美元的外汇储备呢？这里有两个问题。一是这些钱应该投到什么样的资产当中去。二是投资机构怎样建立，具体怎样操作。当然这两个问题也是紧密相连的，不同的资产要求不同的投资方式。

我们不妨根据属性把非债券型金融证券分为两大类。一类是流动性好、透明度高的上市公司股票。另一类是流动性差，透明度低的非上市公司股权。在其他条件相同的情况下，大多数投资人希望他们的投资有更好的流动性和更高的透明度，因此在对未来现金流有同样预期的情况下，上市公司股票的价格往往会比非上市公司股权的价格贵一些。但高昂的价格就意味着未来较低的收益。所以，从总体来讲，两种投资都是有利有弊的。投资上市公司股票，流动性好，透明度高，投资非上市公司股权，则有更高的收益期望值。

既然两种投资方式各有利弊，为什么不综合一下，同时投资到这两种类型的金融证券中去呢？事实上，国际上大多数机构投资者都是采取两者兼顾的"混合式经营"。但这并不意味着问题得到了圆满的解决。因为即使在混合式经营中，也有一个侧重的问题。我们的问题是，中国外汇储备高收益投资到底是应该侧重于开放基金式的股票投资，还是应该侧重于风险投资型的非上市公司股权投资？

从目前的一些迹象来看，似乎政府正偏向于后者。中国国家层面的风险投资才刚刚开始，没有经验。那么不妨走到国际上去看一看，学习一下其他国家的成功经验。新加坡的淡马锡公司是个非常成功的例子。该公司成立于1974年，分管大量新加坡政府的投资业务。三十年来，该公司的年回报率是18％，大大超过股指大盘的平均收益率。截至2006年年底，淡马锡掌管一千亿美元的资产，相当于新加坡国内生产总值的83％。淡马锡的运作模式非常像一个风险投资基金。每一项投资都是一个重大的商业交易，淡马锡都要做大量的信息收集和处理工作，并在项目中做巨额的投资。截至2007年8月，该公司绝对控股二十多家公司，投资包括银行、电信等八个行业，地域横跨东亚和东南亚。

淡马锡模式不适合中国

虽然三十年来淡马锡的业绩出类拔萃，但我们却认为，淡马锡模式不适合现阶段的中国。我们考虑了以下几个风险因素。

第一，系统风险和非系统风险。虽然以淡马锡为代表的风险投资基金得到了高于大盘的回报，但这些基金也带来了大量的风险。金融界通常把风险分为两类：系统风险和非系统风险。系统风险是指和大盘相关的风险。非系统风险是指和大盘相独立的风险。许多研究表明，剔除掉系统风险带来的风险溢价后，风险投资基金平均来讲并不能带来更高的回报，只是徒然加大了非系统风险。理论上讲非系统风险可以被分散掉，但对外汇储备基金这样的庞然大物，非系统风险是不可忽略的。

第二，信息风险。也有人认为，中国的风险投资基金管理者能掌握更多的信息。笔者认为恰恰相反。对于以淡马锡为代表的风险投资基金来说，其成功的关键在于对信息的掌握和正确判断。淡马锡的投资大部分在新加坡（40%）以及东亚和东南亚的其他国家。由于和政府的关联，该公司对新加坡的投资有信息优势。再者，由于新加坡的特殊情况，该国的经济高度国际化。在与亚洲各国的经贸来往中，淡马锡的投资人员积累了大量的信息和经验。中国就有所不同。虽然中国的国际贸易规模常年快速增长，但中国的国际化程度低于新加坡。迄今为止，中国的国际化基本上是把国外的引进来，而不是从中国走出去。外汇投资需要到国际市场上去，在短期内，中国在国际市场上应是没有什么信息优势。

中国最近投资30亿美元入股黑石集团就能说明一些问题。黑石集团是华尔街近二十年来最成功的金融机构，其成功的秘密莫过于发现股票价格被低估，但有发展潜力的公司，将其收购重组，然后以高价卖出。低买高卖是关键。那么，当黑石决定要上市卖股票的时候，买家就应该考虑黑石为什么要上市，是不是因为黑石判断在这一阶段它的股价会虚高，如果卖掉股票能从投资者那里赚一笔？也许我方投资人员对国际资本市场有了解，但很难想象他们能在获取黑石的相关信息方面超得过黑石自身。这样极端的信息不对称自然会造成很大的投资风险。从黑石上市到现在，市值跌了近20%，我方在新股认购时获得的4.5%的折扣在这种情况下就显得微不足道了。当然，这一切都有可能是由意外事件引起的，比如美国议员建议给黑石加税，等等。但是，这件事毕竟可以提醒我们：以我们的经验和资讯，在国际金融市场上，我们的投资能力到底是高人一等，还是低人一等？诸多投资人在石油期权、电解铜期货、棉花期货上的巨额损失告诉我们在国际金融市场投资应当慎之又慎。

第三，道德风险。对非上市公司的风险投资大都是在非公开市场进行的，投资的收益往往需要许多年才能最终明确。如果风险投资基金弄虚作假，在此期间，投资人很难及时地发现并解决问题。

第四，政治风险。以国家控股的基金到其他国家进行投资会引起国际政治风险。国家不同于企业。企业是以营利为目的的，国家却有很多诸如地缘政治方面的考虑。国家行为在国际上往往会遭到猜忌。因此，以政府为主导的投资机构在国际上的运作会引起很多麻烦。这一点从去年中海油收购优尼科石油公司受阻就可见一斑。

第五，流动性风险。外汇储备的一个重要用途就是在国际交易中稳定本币汇率，因而要求基金资产要有很好的流动性。投资风险投资基金和外汇储备基金的流动性要求是相悖的。即使为了高收益而牺牲一定的流动性，也不应当一下子从流动性最好的美国国债市场跳到流动性最差的风险投资基金。

综上所述，我们认为，淡马锡模式不适合现在的中国。中国外汇储备的高收益投资应该侧重于流动性好、透明度高的上市公司股票，而不是流动性差、透明度低的非上市公司股权。一个可以有效降低以上五个风险的办法是将外汇储备投到一个世界性的股指基金。投资股指基金可以解决经验不足、信息不对称等问题，因为这种投资并不需要大量的资讯和过人的判断力，同时可以得到最大的风险分散效应，降低没有必要承受的非系统风险。投资股指基金也可以避免操作中的道德风险。这是因为股指基金从操作到会计披露都高度透明，从而可以有效减少道德风险。由于股指基金的投资是程式化的，不带有针对性，投股指基金就可以避免国际上的政治风险。最后，股指基金是所有投资方式中流动性最好、成本最小的一种。长期下来，省下来的成本就是收益，可以提升基金的长期回报率。

海南的发展需要突破性思维[①]

本文的目的是分析海南改革的底层逻辑，主要有以下四个观点。1. 海南由于地理位置等原因，发展经济存在先天不足，必须有突破性思维才能改革成功；2. 和其他旅游目的地相比，海南的旅游资源明显落后，因此旅游不能是海南唯一的支柱产业；3. 海南的改革可以借鉴香港，必须在制度上有国际竞争力才有可能成功；4. 和香港相比，海南的优势在于土地供应充足，劣势在于人才资源相对落后，用优势来弥补劣势是战略的核心。这些观点和后续政府出台的政策基本符合。

近两年，国家屡次倡导大力发展海南省，把海南定位为国家最大的自

[①] 本文发表于2020年1月13日的财新网。

贸区、改革开放试验区。国家政策密集出台，海南省也做了诸多努力，在战略定位、吸引资本、吸引人才等方面频频出手，积极主动。

要发展海南，实际并不容易。海南在1988年就被国家列为经济特区。但从被列为经济特区到今天，海南的经济增速与全国基本持平，而深圳、珠海、厦门的经济增速都远远地超过了全国平均水平，其中深圳更是达到了全国的两倍。2010年，海南国际旅游岛建设上升为国家战略，此后海南的经济增速略高于全国平均水平。

近十年海南的经济发展虽然有较大增幅，但其对房地产的严重依赖预示着这种经济发展模式是很难持续的。据国家统计局数据，2018年海南GDP的35%是房地产，是全国平均的两倍多。而在海南房地产的鼎盛时期，即2015年至2017年，房地产在海南GDP中的占比曾高达45%。更让人担心的是，海南的住房一大半是外省人购买的，空置率奇高。三亚市房地产交易管理所的抽样调查显示，三亚五个片区旅游淡季时空置率达到80%以上，而旺季时也有60%左右。

如何摆脱对房地产的依赖，同时发现新的增长点，是海南发展所面临的核心问题。但海南的发展实际有其天生的"硬伤"：作为我国的边陲地区，海南与经济发达地区相距较远，必须通过航空或海运才能到达，交通非常不便。

我们知道任何一个区域要发展经济无非靠两种方式：内生型增长和引进型增长。内生型增长靠的是原有的自然条件和人才资源，起到能动作用的是政府的积极政策和社会的热情参与。这种增长对于经济的长期发展具有非常重要的推动作用，但在短期内很难带来经济的高速增长。引进型增长靠的是吸引域外的资本、技术和人才。只有引进型增长才可能是高速甚至是超高速的：通过引进资本和技术，产业可以实现跨越式增长，大幅提升产业品质。同时，资本和技术会吸引人才，特别是高端人才的流入，这样会改善本地的人才结构，从而大幅提升经济的规模和质量。外来的要素，像发达国家和地区的资本、技术、人才，对我国40余年的经济增长奇迹起到了至关重要的作用。

和海南相比，深圳经济的快速增长和它的地理位置有着极其重要的关系。由于与香港接壤，在改革开放初期，深圳变成了香港低端制造业转移的最佳地区。港商把企业从香港挪到深圳只是近距离搬个家，总部可以留在香港，工厂可以搬到深圳，企业主早上去深圳工作，晚上就可以回香港吃饭、睡觉，成本非常低廉。深圳生产的产品只要经过短途运输就可以运到香港，然后再销往世界各地。而在深圳之外，其他经济特区的境遇就很不一样了。资本的供给是有限的，经济特区间的竞争自然会产生所谓的头部效应：像深圳这样最有吸引力的城市获得了超大份额的资本，而像海南，虽然也有政策优势，却很难产生真正的吸引力。总体看来，如果经济特区只有政策而没有地理优势，虽然也可以产生一些引进效应，但效应往往是短暂的：很多公司为了获得政策红利来注册，但没有人才的进入，没有实质的运营，所以从长期来看没有持续力。

所以，海南的发展瓶颈在于它的地理位置，偏远的地理位置使得它在工业和大部分服务业上没有明显的比较优势。农业有一定优势，但产生的附加值有限。海南的比较优势在于旅游资源，所以发展旅游业是非常正确的事情。有人说，海南之于中国就像夏威夷之于美国，这个比喻非常恰当。夏威夷自从20世纪60年代以来旅游业高速增长，旅游业已经成为夏威夷最重要的产业。和海南相似，夏威夷由于偏远的地理位置，在工业和旅游业之外的服务业方面并没有独特的优势。今天，夏威夷已经是一个人均 GDP 达到 6 万美元的高收入地区，海南是否也能拥有同样的增长前景？仔细比较后，我们发现虽然都是热带气候，但夏威夷一年四季气候非常怡人，旅游收入的季节性不明显，而海南全年有将近 5 个月的时间气候炎热，不适合进行户外活动。这种气候上的区别使海南的旅游有很强的季节性，像三亚，淡季时酒店的入住率只有 60% 左右，而旺季时能达到 85%[①]。这种候鸟式经济带来了巨大的资源浪费，由于一年有三分之一以上的时间处于淡季，海南的旅游业比夏威夷就差了很多。

此外，海南虽然土地面积是夏威夷的 2 倍，但由于人口是夏威夷的 7 倍，因此人均旅游资源要比夏威夷少很多。

根据上面的分析，不难看出，如果海南想在经济发展上大幅提速，就必须在发展模式方面有突破性创新。前面讲到，高增长的区域经济发展模式必须是引进型的，而引进型增长的关键是吸引资本和人才。那么，海南发展的问题就变成了"如何运用政策，让人才愿意一年四季全天候地在海南工作、生活？"

历史经验告诉我们，简单地给海南一些财税优惠政策很难起到明显的作用。如果海南和其他经济特区或新区有同样的政策，资本自然会寻找距离最近、交通最方便的地方，海南很难排得上号。如果海南有比其他地方更优惠的政策，我们又不得不考虑引进型增长的零和效应：由于引进新产业的实质往往是产业转移，企业只是把产能从一个地方转移到另外一个地方，如果此类转移的范围都局限在国内，那么从全国层面来看，效果就是

---

① 数据来自 Wind 数据库。

零。因此，只有两种引进型增长是总体加分的：一种是某个区域的发展有国家战略意义，把国内资源集中到这里是为了实现战略意图；另一种是参与国际竞争，从国外引进产业。

综上所述，我们不难看出，海南的发展，应该对标的不是深圳、厦门，而是香港。依靠资本自由流动、人才自由流动、贸易自由流动以及较低的所得税税率，香港吸引了大量的国际企业和金融机构把它们的亚太总部设置在香港，从而获得国际一流的资本、技术和人才。而这些跨国企业在亚洲最重要的目标是中国的业务和市场。

虽然香港对内地的经济发展功不可没，但也并不是完全没有风险。因此，中国实际上需要更多与世界接轨的桥梁。海南的独特地理位置使它拥有了成为另一个桥梁独一无二的条件。

要实现与世界的无缝对接，海南应该有相对自由的资本流动，人才流动，贸易流动；为了吸引资本和人才，应该把资本利得税税率设为零，个人和企业所得税税率设为15％左右。有人会问，如果这样，如何应对海南独特政策对国内其他地区经济所造成的冲击？其实很简单，由于海南岛与大陆隔海相望，很容易在海南岛和大陆之间设一道关卡，把海南岛与大陆之间的人、财、物的流动监管起来。所以，如果实现这样的改革，海南最大的缺陷，就能转变成海南最大的优势。

与香港相比，海南的发展还相对落后。即使有这样突破性的改革开放思维，海南也很难在短时间内赶上香港。但海南相对比较大的土地面积，相对低得多的地价和其他要素价格使它的发展具有非常大的潜力。更重要的是，一个与世界无缝对接的海南对我国的"一带一路"倡议、人民币国际化、深化改革开放的尝试都会起到无法替代的推动作用。

第三章

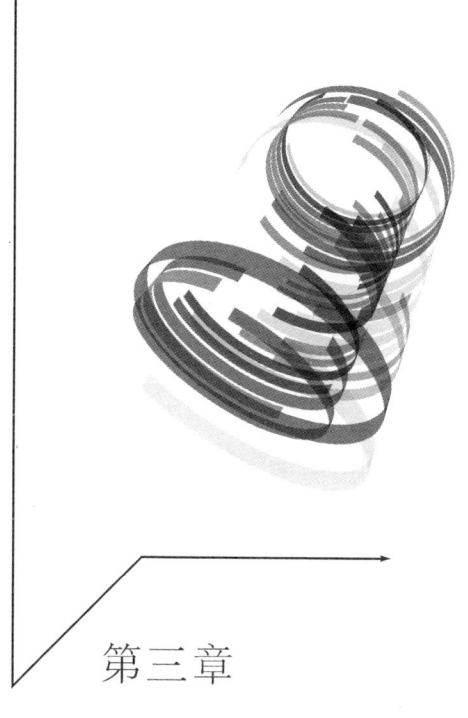

用结构性思维看清资本市场的运行逻辑

股市的素描

> 虽然股市里的投资者形形色色,但大致可以分成散户和里手两种。除去大盘的涨跌,散户和里手的交易其实是零和游戏。无论股市是涨还是跌,散户们一般是要输给里手的。熊市和牛市的交替,实际上造成了大量财富从散户向里手转移。散户的可悲之处在于不知道自己的巨大劣势,而常把股价的涨跌和自己的能力相挂钩。

在股市中,牛市的到来往往源于一些利好消息,股价的上涨则是因为市场上调了对公司未来盈利的期望,或者是下调了对风险的估计。这一切往往都是在短时间内发生的。如果那些突发事件早被股市料到了,那么股价应该在第一时间就会有反应。

金融市场日益激烈的竞争和信息技术革命,带来了金融交易成本的大幅降低，使得比以往多得多的人走进股市成为可能。今天的股民来自社会各界，形形色色，几乎任何小有资产的人都可以进股市凑凑热闹。不过概而言之，股市里的投资者不外乎两种人，第一种人数量极少，大都接受过较好的教育，有长期的市场经验，其中有银行和券商的高管，风险投资和对冲基金的经理，上市公司的老总。我们且把他们称作"里手"。他们人数虽少，但却掌握着大量的金融资产和信息资源。"里手"作为一个概念包括但不限于人们常谈及的"庄家"。第二种人就是散户，散户们的共同特点，则主要表现为对金融市场的一知半解甚至无知和信息闭塞。

当推动牛市的利好消息到来之际，里手们总是最早发觉。于是，他们立即增加股票的投资，股价开始上升。股价上升的态势依据里手们投资力度的大小而不尽相同。如果很多里手同时大量建仓，股价就会急速飙升。如果只有少量里手谨慎地购买，股价上升的速度就相对缓慢。股价的上升往往有一定的滞后性，因为做出复杂的投资决定和调动资金都需要时间。在股价上升的过程中，里手在买、散户在卖。这是市场交易的铁律：有人买就有人卖，有人卖就有人买，赢的再赢，亏的再亏。

股价的上涨必然会引起一批前卫散户的注意。相对于大多数散户而言，这批人对金融市场更加关注，他们除了涉足股市之外，还喜欢炒房地产，买彩票，进行高风险的投机活动。在牛市到来的初期，这批人追涨杀跌的投资方式往往颇有成效。他们以自身财富的激增，为股市画上了耀眼的一笔。媒体本身虽然并无能力激发牛市，但它是一个有效的放大器。通过媒体，股市的利好消息、近期成功的榜样和牛市到来的可能性很快就吸引了无数人的注意。

散户的心理误区

大牛市的到来不能没有散户的大规模参与。散户的大规模参与离不开人类心理的诸多误区。第一个误区是嫉妒心。当人们看到周围的亲戚朋友大发"易来"之财，很少有人能够控制好自己，人们仍然很自然地要攀比，要竞争，要跟别人看齐。

第二个误区是过分自信。当自己选中的股票价格上涨的时候，大多数没有经验的股民会认定这是因为自己的能力而非运气。这种错误的判断往往会带来致命的后果。飙升的股价会"制造"出一大批自大的散户。他们往往得意忘形，敢冒在通常情况下无法承受的风险。

第三个误区是"羊群心理"，随大流。人类是社会动物，做与众不同的事，拥有与众不同的思想，会让人感到危险和焦虑。相反，随大流能给人带来自然的安全感。

第四个误区是不合时宜的思维定式。一个远古的猎人某天在某地打到一只兔子，他第二天还会回到老地方，因为他在那儿再次打到兔子的概率很大。但在金融市场里，激烈的竞争使股票价格变化的连续性被打破了，变成了一个随机运动。这意味着你如果今天在股市的"原野"上打到一只兔子，那么明天你就很难在老地方再打到第二只了。思维定式驱使着人们在股票涨价之后，才更多地买进。但这种行为有问题，因为要想盈利，必须在价格上升之前出手购买。

股价的飙升就像一剂催化剂，贪婪在它的作用下肆意膨胀，使人们深陷误区，不能自拔，以至于让人把多少年来积累的风险意识抛诸脑后。这时，即使是对股市一无所知的人们，也要挤进来分一杯羹。于是条条水流入海去，千艇万舸争先后，牛市大旺。

里手们才是股市真正赢家

当牛市正式到来以后，在大多数情况下，股市基本面也会有所改善。首先，如果大盘的利好消息有一定的实质内容，基本面的改善就印证了利好消息的正确性。其次，持续的股市上涨本身也会促进基本面的改善。最后，股价的飙升让所有的股民都感到更加富有，增加消费，进而增加上市公司的收入。这时候，如果基本面的改善幅度和股价的上升速度相匹配，股市就没有大的问题。但如果基本面的改善幅度不及股价的增速，股市就有可能出现泡沫。

面对股市的泡沫，里手们有好几种选择。即使他们觉得股价过高，他们也有可能买进更多，原因是他们意识到了散户们的心理误区，知道还会有更多的人入市，股价在短期内还会涨。只要他们能在散户之前脱手，里手们追涨的策略就会成功。在这种情况下，由于没有任何相反的作用力，股价就会大涨。接下去如果股价涨得太离谱，里手们就可能会减仓。但在这种情况下，他们往往会口是心非，继续在口头上大唱牛市赞歌。因为他们有其他的策略在牛市里赚钱。居高不下的股价说明股票供少求多，里手们可以把可流通的资产包装上市，从而把他们不流通的资产变为流通的股票，借高股价来牟利。

如果没有可以直接上市的资产，里手们还可以及时投资创建这样的资产。此外，里手们还可以摇身一变，作为散户和市场的中介，建立或扩大券商生意。股价的飙升往往伴随着交易量的增加，作为券商的他们就可以在不承担任何价格风险的情况下大发横财。他们还会建立或扩大代理投资业务，这样他们就可以在没有任何资金风险的情况下赚股民的钱，积少成多，最终成了股市大赢家。在这几种情况下，里手们祈祷的唯一一件事是：牛市越长越好。

每个派对都有结束的时候

政府和监管人员在股市中的作用不可被忽视。在大多数情况下，政府和监管人员会对牛市感到满意，因为牛市意味着繁荣，况且，高股价意味着低融资成本，而低融资成本对经济改革有利。所以，当股价在上升但不是太离谱时，他们都很高兴。但当股价上涨到大大超过基本面可支持的程度时，政府和监管人员就会面临一个难题。理智的做法就是通过舆论或政策，让市场重新认识到股市的内在风险，把价格拉到一个合理的水平，从而避免有可能发生的金融危机。但是从政治上考虑，做理智的事情往往很难。在牛市的巅峰，人人皆股民，而且大量的股民是在高价位入市的，人为拉低股价不大可能让股民满意。再者，政府行为常常会被指责为扭曲市场自然秩序，因此，从自身利益出发，监管人员往往会选择静观策略，等待外界因素来刺破股市的泡沫。

虽然每一个派对的结束方式或有不同，但每一个派对最终都要结束。牛市也不例外。大牛市的终结往往起始于一个利空消息。在股价和基本面严重不匹配的情况下，一个利空消息就有可能使大多数股民同时扭转对股市的判断，从而自动地给大牛市画上一个句号加惊叹号。在此过程中，一

结构性思维：解决复杂问题的方法论

个明显的特征是里手们往往最先离场。随着股价的下跌，里手们又卖，散户们虽然吃了不少亏，却依然在买。散户们的侥幸心理和对及时抛掉亏损股的极度抵触使他们在股价下跌的过程中再次输给里手们。散户们就这样被"套牢"了。当股市似乎完全离开了普通人的视线时，下一个牛市往往又悄悄进入了酝酿状态。

以长远的眼光来看，如果经济的基本面没问题，在一般情况下股市会随着经济的增长而上涨。但平均下来，即使最成功的市场也只能给投资者3%~7%的风险收益。除掉大盘的平均增长，剩下的就成了所有股民之间的零和博弈。巴菲特有个牌桌理论："当你坐在牌桌旁，还认不出谁是冤大头时，你就是那个冤大头！"想在股市里暴富发财的散户，浑然不觉地变成了任里手们宰割的牛羊。不可否认，在牛市中，有些散户可能是赚了点钱，但如果把散户们当成一个群体看，这个群体无疑输得很惨。无论股市是涨还是跌，散户们总是要输给里手。熊市和牛市的交替，实际上造成了从散户向里手的财富转移。令人遗憾的是，这往往也是从穷人向富人的财富转移。

A股公司利润的高速增长可持续吗[①]

> 2006年到2007年，在股权分置改革、人民币升值、全球流动性泛滥的影响下，A股高歌猛进，从2005年的最低点，连续上涨了400%左右。有些人说这是股市泡沫，会破裂；有的人说不是，因为股市基本面也在持续变好。我属于前者。

A股市场到底有没有泡沫？如果有，泡沫到底有多大？要回答这些问题，我们必须分析上市公司的基本面。

最简单的基本面分析是看公司的盈利及其增长。但因为公司可能做假账或进行"盈余管理"，会计盈利往往有些水分，所以我们还可以换个角度，看不容易被操纵的经营现金流。很显然，从大的走势上讲，总市值与

[①] 本文与我的学生朱伟合著，发表在2008年3月7日的《第一财经日报》。

经营现金流的比例与市盈率是一致的。不同点在于前者在最近两年的增长比市盈率的增长更快。在市盈率增加了一倍多的情况下，总市值与经营现金流的比例增加了三倍。也就是说，假如你单从市盈率的增长就得出市场有泡沫的结论，那么从总市值与经营现金流的比例的角度来看，你就会觉得泡沫更大。

为什么会出现这么高的相对市值？一种可能当然是股市有泡沫。另一种可能是上市公司的盈利在高速增长，这种可能性不能被轻易排除。原因有多种，常被提及的有两点：第一，中国的宏观经济走势相当强劲，在最近五年每年都保持10％左右的增速。第二，股权分置改革基本成功，由此带来的高效率经营大幅提升了上市公司的盈利能力。

当然，相比于股价和市值，更重要的是预测将来的利润会怎样增长。要做到这一点，我们就必须先理解近几年利润增长的原因，看哪些因素可以持续，哪些因素不可以持续。

非主营业务的利润增长与税务费用增长抵消

最近人们常常提及的一个话题是牛市中上市公司净利润增长中投资收益的权重。有人认为，投资收益也是收益，投资赚来的钱也是钱，和主营业务收益有什么区别？区别在于投资收益从大体上讲是不可持续的，但主营业务收益是可持续的。因此两者包含着对未来预期的不同信息，把两者分开来对我们预期未来盈利增长有重要意义。投资收益是一个值得关注的问题，但它不足以保证上市公司盈利的高速增长。（这里我们要提醒读者，此处我们分析的公司不包括金融投资类公司。投资收益对金融投资类公司应该是非常重要的。)

现金流增长低于利润的增长

除了投资收益外，另一个看公司盈利增长质量的办法是看盈利增长中现金流的比例。前面讲过，因为公司有可能做"盈余管理"，净利润往往有水分。但现金流却比较难被操纵，可信度高一些。公司的现金流可以分为三类：经营类、投资类和融资类，其中经营现金流应最为投资者所关注。A 股公司经营现金流增长有两个重要特征。一是经营现金流的增长的波动性没有净利润的波动性大；二是相较于 2002 年到 2005 年，2006 年和 2007 年的经营现金流增长并没有质的飞跃，换句话说，在过去的七年里，经营现金流的增长相对稳定。那么，如果我们单从经营现金流的增长来看，从 2002 年到 2007 年，股市应该保持一个相对稳定的市盈率；过大的市盈率波动意味着股市有时被低估，有时被高估。

A 股利润增长的解析

对公司利润进行分析的一种办法是把利润的增长分为股东权益回报率（净利润与上期股东权益之比）的增长和股东权益总量的增长。股东权益回报率描述的是资本运营的效率，即每一块钱的投资能赚多少钱；股东权益总量描述的是投资的规模。前者在创造股东价值中起着至关重要的作用；要想创造价值，股东权益回报率必须高于股权融资成本。从成熟市场的经验来看，上市公司作为一个整体，其股东权益回报率略高于股权融资成本。这个现象是由经济规律决定的：较高的股东权益回报率自然会引来更多的投资和竞争，从而拉低回报率；反之，如果股东权益回报率过低，投资人自然不会满意。除了对企业进行内部调整，企业还会暂停新项目的投资，甚至变卖已有的资产。行业的竞争自然因此而减小，投资回报率便会缓慢回升。因此，在平衡状态下，股东权益回报率跟股权融资成本非常相近。

图3-1描述了2002年以来的市场整体股东权益回报率。我们可以看到，从2002年的5％到2006年的11％，市场整体股东权益回报率有一个巨大的增幅。为什么股东权益回报率会有如此大的提升？一个可能的原因是股权分置改革的成功极大地提高了资本的利用效率。但股权分置改革的作用到底有多大，还需要进一步研究。另一个更为直接的因素是上市公司日益增加的财务杠杆。相关数据显示，上市公司的资产负债率从2001年的48％提高到了2007年的57％。

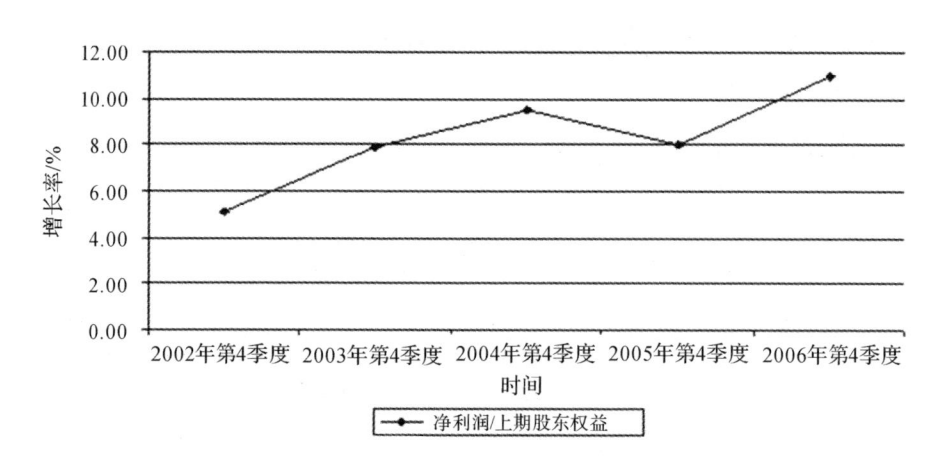

图3-1　市场整体股东权益回报率（2002年—2006年）

数据来源：根据公开资料整理。

这些数据对我们预测未来有什么帮助?首先,股东权益回报率的提高虽然从资源利用角度来说是个好消息,但对未来的利润增长而言却是个坏消息。原因在于现在的股东权益回报率已经相当高,高出基准利率6个百分点,因此上升的空间已经很小。其次,由于上市公司已经动用了大量的财务杠杆,今后就很难再用借债的方式来提高股东权益回报率。既然这样,还有什么因素能促进上市公司的利润增长呢?答案在于股东权益总量的增长。提高股东权益总量的方法主要有两种,一种是利润的回笼,另一种则是股权再融资。从图3-2可以看出,上市公司的股东权益在近两年高速增长,2006年第4季度的股东权益增长率在12%至13%之间。平均下来,每年的增长率大概是8%。在我们看来,如果中国的宏观经济增长率保持在10%左右,股东权益的平均增长率应该可以长期保持,但近期高速增长的持续性就值得怀疑。毕竟,像最近这两年这样火热的融资和投资环境是很少见的。

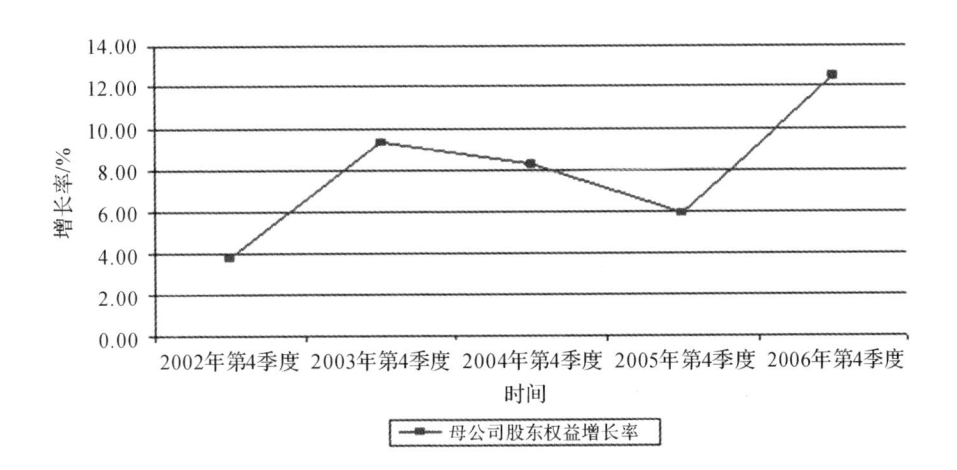

图 3-2 上市公司股东权益增长情况 (2002年—2006年)

数据来源:根据公开资料整理。

综上所述，我们通过数据分析发现 A 股上市公司近七年来大大地提高了投资回报率和财务杠杆，从而带来了巨大的股东价值。但是，当今利润增长的质量并不高，没有强有力的经营现金流支持。今后 A 股公司利润增长的空间已明显缩小，最近利润的高速增长不大可能持续。

牛市爆发危机的症结[①]

> 写这篇文章的目的是论述预期在资本定价中的核心作用。因为预期的不可控性，本文认为，在一般情况下，监管层不应该对资本市场的预期进行微观管理，更不应该期望制造一个"慢牛"的行情。但当市场出现了危机，监管层就需要压上所有的信誉才能救市成功。

股指大盘在两星期内下跌四分之一，市值蒸发十几万亿人民币，这是一件惊人的事。很多人因此而恐慌，政府也连连出台救市政策。除了纸上财富的蒸发所带来的痛，人们最普遍的感觉可能是茫然："市场到底是怎么啦？""股灾要不要救？""要救，怎么救？"

[①] 原文发表在 2015 年 7 月 16 日的《金融时报》。

结构性思维：解决复杂问题的方法论

要遏制股价的进一步狂跌，政府实际是有办法的。毕竟政府有印钞的权利，而且如果需要，可以需要多少就印多少。然后政府可以用印出来的钞票支持所有用本币计价的资产市场。这种方法，经过了金融危机，现在已经没有什么好稀奇的。它的本质就是各国使用的量化宽松政策。它是美国走出次贷危机的核心工具，是欧盟避免其货币联盟解体的基石，也是日本所谓"安倍经济学"的最核心部分。

但量化宽松是一剂猛药，不到万不得已，各国政府都尽量不会去用它。量化宽松的副作用主要有两个：一是政府直接参与风险资产的定价，对市场机制是一种扰乱，会让市场过于依赖政府，而降低市场本身的效率；二是量化宽松可能带来恶性通胀，以及由恶性通胀带来的对政治、经济和社会等方面的巨大冲击。虽然最近十年的经验（低通胀）让各国政府对通胀的担心减少了很多，但潜在的风险不容忽视，因此政府一般只有在出现大危机时才会用这剂猛药。

救市的核心实际不是钱，而是预期。无论政府采用什么方法，只有把市场悲观恐惧的预期转变为乐观激进的预期，救市才能成功。空谈是没有用的。投资者会通过政府的所作所为来判断资本市场的走向。他们只有在认为市场会涨的情况下才买进，也只有在认为市场会跌的情况下才卖出。因此，力度不够的救市行为往往不但不能遏制资产价格下跌的势头，反而有时会加速其进程。投资者如果认为政府的救市力度不足以扭转大势，感到失望，就会判断市场还会继续下跌，因此加大甩卖的力度，对市场产生更大的下行压力。反之，如果政府出来说要建立平准基金，一旦股指低于某一个点位（比如说3000点），政府就会无限量买进，那么市场自然就会重新稳定下来。实际上，政府有时并不需要真正购买股票，或者只需要用少量的资金就能把市场稳住，原因是市场的预期已经被彻底改变了。

上面的论述揭示了一个重要的经济学原理：资产的价格是由市场的预期决定的。要想改变价格，必须改变预期；如果预期改变，价格必然改变。市场监管者往往会犯一个错误，就是混淆人的行为和人的预期。人的行为是显性的，但人的预期是隐性的，因此人的预期只能被影响，而无法被直接控制。在资本市场里，投资人永远是说一套做一套。

人们有一个共识：为了配合中国经济的改革和转型，一个所谓的慢牛市场是最好的。但大家没有意识到，人为制造一个慢牛市场是几乎不可能的。因为人的预期可以在短时间内大幅转变，从乐观到悲观，再从悲观到极度悲观，然后再来一个180度大回转。因此资产的价格就会有相应的大幅波动。一般情况下，如果对股市的未来抱有乐观预期的人和抱有悲观预期的人势均力敌，价格就会处于相对平稳的状态。一旦有人从悲观预期转变为乐观预期，平衡就被打破了，资产价格就会上涨。慢牛只有在投资者预期缓慢转变的情况下才有可能发生。但如果市场监管者通过宣传和行为让投资者清楚地认识到了市场一定要上涨，就会导致投资人的预期大规模地从悲观转为乐观，预期的转化一定会带来资本价格的暴涨，结果就绝对不是一个慢牛。同样，在资产价格暴涨的情况下，一旦市场监管者看到风险，希望刹车，其结果往往是所有人同时把预期从乐观转为悲观，从而又造成价格的暴跌。

因此，在一般情况下，试图通过宣传或行动直接影响资产价格的做法是万万不可取的。在没有人为因素的影响下，资本市场都已经充满了波动性，这种直接影响只会放大波动性，和塑造慢牛的想法正好背道

结构性思维：解决复杂问题的方法论

而驰。

前两周股市的暴跌是罕见的现象，除了市场预期的内在波动性外，从去年来资本市场的杠杆率陡增可能是最重要的原因。杠杆既放大了投资者回报率，也极大地放大了金融风险。股指下跌20%，对一个没有杠杆的投资者来说，虽然痛，但无大碍；但对一个利用四倍杠杆的投资者来说，就是100%的本金损失。场内场外高杠杆的使用，使无数的投资者都没有了定力。一个10%的下跌，可以迫使所有五倍杠杆的投资者清仓，其甩卖行为继续加速股价下跌，从而迫使四倍杠杆的投资者清仓……以此类推，恶性循环形成，股价雪崩式大跌。让市场监管者担心的不是简单的财富蒸发，而是这种恶性循环所带来的对金融体系的冲击。救不救市，完全取决于这种冲击会不会引发整个金融体系的危机。

中国股市上万亿的杠杆从另一个侧面反映了股指暴跌前市场参与者的过分乐观。高杠杆在如此短暂的时间内产生，可能也在一定程度上反映出市场监管者希望制造一个牛市的良好愿望。我们现在看到的是，由于预期不可控，市场监管者看似合理的行为给市场带来了更大的风险。

综上所述，市场监管者应该避免大规模地对市场价格进行"直接管理"。市场的波动是天然的，不用怕，但人为的管理会带来更大且非常危险的波动。

即使是市场出了问题，也尽量让市场自己解决。当市场的危机威胁到整个金融体系，政府救市出拳要狠，要达到彻底改变预期的效果。一个有效的方法是给市场说明一个底线，比如说3000点是无论如何都不会被跌破的。当市场恢复平稳后，可让市场自己找到平衡点，比如股指既可以是4000点也可以是4500点，市场监管者不需要具体说明。

这么做，不但市场监管者可以提高可信度，同时市场也可以完成它应该做的事。

最后，这一年来的牛市本是非常合理的。低估值、经济新常态、产业升级、深化改革、可持续发展、宽松的货币政策和积极的财政政策，这些都是牛市的催化剂。政府和企业把实体经济做好，让资本市场自己慢慢改变预期，一个健康的牛市自然会来。

金融创新：发行国家股票调节风险溢价[①]

写此文时，正是 2007 年股市泡沫极度膨胀的时期，资本市场是一边倒的行情，投资者被胜利冲昏了头脑，根本听不进任何反面的意见。我很是担心，因为我知道泡沫破裂时将会带来金融方面的危机，以及对实体经济的打击。在本文中，我建议发行与国内生产总值挂钩的证券，通过在公开市场对这种证券进行操作来调节资本市场的风险溢价。当然，这个建议虽然在理论上行得通，实际上很难被采纳，需要长时间的论证与试验。但在随后发生的全球金融危机中，各国普遍使用的"量化宽松"政策，以及中国在应对后续金融危机时的政策，实际上跟我提出的"中国股"的理念同出一辙。"中

---

① 原文发表在 2007 年 5 月 25 日的《第一财经日报》。

国股"比这些救市方式更加精准,并避免了政府直接购买个股时可能会滋生的腐败和道德风险问题。

股市大涨,既表明市场对股改成绩的肯定,也表明市场对未来中国上市企业的信心。但是,急剧飙升的股价在社会上激起了一股难以遏制的投机心理,一大批风险承受能力极低的散户高价入市,股价的超速上涨使股价和基本面的差距被拉大,增加了泡沫的形成和价格暴跌的可能性。这一切一旦变成现实,金融危机就不再是一个小概率事件。

在这种背景下,政府应该做些什么事情才能预防股市崩盘以及可能随之而来的金融危机及社会动荡?我在不久前的一篇文章中提出了几项建议,如加大监管力度、打击市场操纵行为、增强信息披露等。同时,我还提出发行"中国股"(国家股票),用以宏观调控整个经济体,包括股市的风险溢价(风险的价格),一些读者对此表示颇感兴趣,但觉得国际上没有先例,是个全新的东西,希望我加以展开阐述。

一年多来,有很多人提出,央行应以加息来抑制股市的泡沫型增长,但央行始终按兵不动。之所以如此,是因为一方面,央行的主要任务是通过调节利率和货币供应来控制通胀和稳定经济,在通胀有限、金融危机没有兵临城下的情况下,央行没有必要采取加息举措。另一方面,央行实在难以出手。

人民币汇率是难题之根本。由于政府采取了缓慢升值的策略,货币政策就受到很大的限制。原因在于,对任何一个像中国这样的开放型经济体，货币政策和汇率政策无法做到同时独立于市场的影响之外。如果加息，股价和房价自然会有下行压力，但投机行为也有可能加剧。在低利率和人民币缓慢升值的情况下，除去交易成本，货币投机者在债券市场的短线操作无大利可图，因此热钱就不得不进入股市、房市以及风险投资领域。由于这些市场的高风险或高交易成本，货币投机者的投机行为会受到相对较多的约束。如果加息到一定程度，货币投机者就可以直接将热钱投到风险较小的债券市场进行短线炒作。投机风险的降低，会吸引更多的热钱的流入，从而给人民币升值带来极大的压力。把股市的泡沫和人民币的被迫升值放在一起做比较，究竟孰重孰轻，大概是仁者见仁，智者见智的。但无论如何，根本的问题在于难以做到两全其美。

有什么宏观政策，可以用来有效地抑制股市泡沫但又不会增加人民币升值的压力？答案在于调高股市的风险溢价。抛开非理性因素，股市的价格无外乎受人们对基本面的预期和资金成本的影响，其中资金成本可被用来调节股市。资金成本包括两个部分：利率和风险溢价。低利率和低风险溢价是抬高股价的重要因素，要想抑制股市泡沫就必须上调利率或上调风险溢价，二者必选其一。

那么，怎样上调风险溢价呢？总的来讲，就是要增大股票的供应量。在这方面，一个已经在施行的办法是，放宽条件、鼓励国内外企业在中国上市。但用这个办法进行宏观调控有一定的难度。企业上市在很大程度上是基于企业自身利益考虑，而这种自身利益跟国家的整体利益不可能完全一致；再者，上市企业必须符合政府一系列的监管标准，有没有足够的企业符合标准也是问题。另一个类似的办法是减持上市公司的国有股，但这个办法也涉及一系列的问题。到底应该怎么减持？是同时减持所有上市公司的国有股,还是应该有重点地按实际情况来定?减持以后,如果需要增持时该怎么办?总之,虽然这些办法都可以上调风险溢价,从而抑制股市泡沫,但是因为它们都涉及个股的市场操作,作为宏观调控的工具时,似乎都不是最佳选择。

于是我们的思路就被引到这里来了:能否找到一种工具,它既能达到宏观调控股市风险溢价的目的,又不会扭曲个股的交易和定价?国债给了我们一个启发。像一般企业一样,国家也可以发债券,央行可以通过国债的市场买卖来控制货币的流通量和基本利率。那么同样,像一般企业一样,国家也可以发股票,我们且把它叫作"中国股"。

"中国股"可以有很多具体的操作方式,我这里提一个具体的构想:股票的根本价值来自未来的红利,"中国股"的红利直接和中国的国内生产总值挂钩。比如说,我们可以设定每股每年获得国内生产总值的10万亿分之一作为红利,2006年中国的国内生产总值大约是22万亿人民币,10万亿分之一就是2.2元。如果2007年国内生产总值增长到30万亿,这一年的红利就是3元。随着中国国内生产总值的涨跌,中国股的红利也跟着涨跌。"中国股"的市场定价和一般股票没有本质上的区别,它的所有风险都来自未来国内生产总值的波动。投资人在"中国股"上不仅能得到基准收益,还能得到市场对国内生产总值波动所给出的风险溢价。简单地讲,如果把国家看成一家上市公司,"中国股"就是这家上市公司发行的股票。

"中国股"的发行,使央行可以用两条腿走路,央行不仅可以借助利率来调节投资、生产和消费,也可以通过买卖"中国股"来调节整个经济体的风险溢价,从而达到稳定经济增长的目的。在当前的市场情况下,央行可大量发行"中国股"来调高风险溢价,抑制股市泡沫。如果由此造成货币供应的不足，央行可通过买进国债来调控；如果在将来的某一天股市崩盘，风险溢价变得过大，进而可能引发金融危机的时候，央行也可以通过买入"中国股"来进行调节。

除了作为央行调控市场的有力工具，"中国股"对金融市场还有三大好处。第一，投资的第一定律是在控制风险的前提下得到最大的回报，这就意味着股民应该避免所有没有必要冒的风险。怎样做到这一点呢？就是要分散风险，"不要把所有的鸡蛋都放到一个篮子里"。避免个股，投资股指基金是一个办法，但不是最理想的好办法，因为上市公司只占整个经济体的一小部分，所以只能在非常有限的范围内分散风险。"中国股"就不同了，它可以产生中国范围以内最大的风险分散效应。相较于股指基金，"中国股"的优越之处还在于股指基金的运营有成本，而"中国股"可以为投资者省掉这一笔开支。

第二，中国股市的一个问题是监管缺乏力度，大股东"掏空"小股东的不公平现象比较严重。由于"中国股"的价值来自国内生产总值，监管和公司治理的弊病都可以避免，在最大程度上保障了中小股民的利益。它必然会成为中小股民的首选。

第三，股民过度投机的一个重要原因是绝大多数股民认为股价的涨跌存在着高度的不确定性。由于"中国股"的红利与国内生产总值直接挂钩，而国内生产总值的增长可预测性较强，"中国股"的发行可以引导股民重视基本面，从而降低泡沫形成的可能性。

可能有人会认为这个用"中国股"来调控经济体的风险溢价的办法太新，在国际上没有先例。但"不管黑猫白猫，捉住老鼠就是好猫"的想法也很新，在国际上也没有先例。如果没有理论或操作上的具体难题，何妨一试呢？

国家股票的进一步解释[①]

> 笔者在上文提出发行"中国股"(国家股票),引起一些反响。学术界和业界的一些朋友纷纷致电来讨论"中国股"的理论依据和操作问题。在这里我把这些讨论的内容整理一下,再对"中国股"进行进一步的诠释,以供讨论。

简单来说,"中国股"是一种与中国国内生产总值挂钩的金融证券。此股的持有人可定期根据合约获得与中国国内生产总值成正比的股票红利。"中国股"这个建议的根本出发点是给央行提供一个稳定金融市场的有效工具。在股市急剧泡沫化的情况下,像"中国股"这样的金融工具就显得更加重要。央行现有的工具只能调节货币的供应量或基本利率,但

---

① 这篇文章也发表在《第一财经日报》,是对"中国股"的进一步解释。

"中国股"可以用来调节金融市场的风险溢价。

关于"中国股"的争议

关于"中国股"这个提议，有一些朋友质疑："这岂不是卖国了？国家怎么能像公司一样分股卖掉呢？"这个质疑听起来挺吓人，但实际根本不是一个真正的问题。提这个问题的人对股票的理解基于一个思维定式，认为所有股票都应同时拥有对现金流（红利）的收益权和投票权（或控制权）。但没有任何经济理论说这些权利不可以被分开。公司可以发行没有投票权的股票，"中国股"当然也可以。红利能不能下发的关键是国家和政府的信誉。在这点上，"中国股"和国债没有区别。所以，关于"卖国"的担心大可不必。

"中国股"和国债有什么不同

"中国股"和国债的根本不同在于风险。国债的回报没有风险，持债人如果长期持有，所有的利息都是事先约定好的，既不可能多拿，也不可能少拿。所以国债利率是"无风险"利率。"中国股"就不同了，它有风险，因为它的红利随着国内生产总值的变动而变动。在这点上，"中国股"和上市公司的股票没有质的区别。投资人在"中国股"上承担了风险，自然就要求比国债利率更高的回报，高出的这部分就是风险溢价。

央行一个重要的调息手段是对国债的市场买卖。如果央行出手买国债，国债的价格就上升，利率就下降；如果央行出手卖国债，国债的价格就下降，利率就上升。加上"中国股"的市场买卖，央行可以分别调节基本利率和基本利率之上的市场总体风险溢价。此所谓用两条腿走路。

"中国股"的风险波动太小，是否能够吸引风险投资者

有人认为，因为国内生产总值的涨跌幅度有限，这样可能导致"中国股"的风险波动太小，从而不能吸引风险投资者。这个问题并不难解决。首先，虽然近期的波动会比较小，但长期来看，国内生产总值增长仍有很大的不确定性，因此会带来正常的股票式的价格波动。其次，如果想增大"中国股"的波动性，我们可以在合约里加一点金融杠杆。比如，我们可以设定，"中国股"的红利只有在国内生产总值增长率在8%（长期均值）以上才发，如果增长率在8%以下，则当年红利为零。这样，通过金融杠杆，我们可以轻易地使"中国股"达到理想的波动性。

这个建议会不会使政府对市场管得太多了

这是一个很好的问题。它有两个层面。第一个层面，政府到底应不应该介入市场？这个问题比较复杂，有很多争论。但全球的现状是，除少数小的经济体外，在所有大的经济体中，政府都发挥着举足轻重的作用。

这个问题的第二个层面是，如果政府要直接介入市场，应该怎样介入，介入多少？长期的经验和研究表明，政府应尽量少用直接的行政手段，而应尽量用市场的办法来进行宏观调控。直接的行政手段必然造成价格的扭曲，从而导致资源的低效率利用以及行政权力的滥用（腐败）。央

行对利率和货币供应的调节正是政府运用货币市场对经济体进行高效率的宏观调控的体现。

"中国股"的想法也是同出一辙。有人说："既然你想调控市场的风险溢价，为什么不直接用个股或股指来进行操作？'中国股'有什么必要？"答案在于个股甚至股指在整个经济体中占的权重都太小。对这些具体金融产品的市场操作必然带来价格的扭曲和经济利益的不公正分配。对"中国股"的市场操作可以调节市场的总体风险溢价，为各种具体的风险投资提供一个定价基准。债券市场也是这样，对国债的市场操作可以调节基本利率，从而给公司及其他债券的定价提供基础。

反思 P2P：潜在的金融危机[①]

> 2014年是互联网金融的爆发式发展时期，P2P 是其中增长最快的一种模式。我为了理解这种金融创新，研究了一些 P2P 行业的案例，发现这种模式瑕疵巨大，违背了金融的底层逻辑。所以就写了这篇文章提醒监管层和参与者注意其中蕴含的巨大风险。

互联网正在全面改变商业，金融也不例外。网上的 P2P 信贷平台在过去的几年里爆发式增长，据说到目前已有一两千家。

但 P2P 从本质上讲只是传统得不能再传统的民间高利贷，互联网只不过降低了信息传递的成本，让借款人和贷款人能更方便地发现对方。

P2P 作为金融媒介，需要具备金融媒介的应有职能。这个职能跟线上

[①] 原文发表在 2014 年 9 月的《经济观察报》。

或线下没有关系。当借贷双方走到一起时，必须解决一个难题：借贷关系有信用风险。借钱的人，有一些是优质客户或"本分人"，会履行合约按时还本付息；也有人是"浪子"，借钱是为了赌一把，将来可能因为没有能力或没有意愿而不还款；更有甚者，市场里还有"骗子"，借钱时就没打算还。如果市场里大多数是"本分人"，有少数"浪子"，基本没有"骗子"，这个市场才是健康的：通过合理的利率让借贷双方发生交易，满足借方的融资需求和贷方的投资需求。

这样不是很好吗？为什么说有难题？因为健康的市场是理想状态，无法自然产生，必须通过金融机构的正确约束、调和才能产生。这个市场里有三类借款人，如果贷款人收取同样的利率，这个利率就一定是"不公平"的：对"本分人"来讲，这个利率就太高了，对"浪子"和"骗子"来讲，这个利率就显得非常划算。市场一旦建立，就会有大量的"浪子"和"骗子"涌入市场，使得贷款人蒙受损失。为了盈利，贷款人就不得不提高利率。但高利率会吓走"本分人"，于是市场里就只剩下了还不起钱的"浪子"和"骗子"。虽然名义利率高，但贷款人实际上拿不到本金，市场就崩溃了。

要解决这种信息不对称带来的市场顽疾，必须引入金融机构。机构的形式可以多种多样，但基本职能是挑选"本分人"，杜绝"骗子"，约束"浪子"。抵押、尽职调查、征信系统等一系列风险管理措施是金融服务的核心。有了金融机构的介入，也并非万无一失。美国的次贷危机就是政府监管不力以及房地产市场泡沫引发的金融体系集体失效。总而言之，无论是在国内还是在国外，如果金融市场打开大门不设防，让太多的"浪子"和"骗子"进来，出事是迟早的事。

在一般情况下，传统金融机构通过风控和监管，可以有效地控制风险。P2P 则不然。在大多数 P2P 平台，贷款无须抵押，只进行非常有限的尽职调查，无法完全利用银行间的征信系统。虽然不排除有优质借款人在利用这些平台，但从底层运作来看，这些平台基本属于门户大开，一定会吸引大量的"浪子"和"骗子"。

有人说，即使有"骗子"来，问题也不大。如果我有一千个客户，有十个是"骗子"，我的坏账率才百分之一。但问题是漏洞百出的架构本身就吸引"浪子"和"骗子"。一方面，随着市场的发展，由于不顾未来的市场份额竞争，市场的品质不但不会上升，还会不断下降。另一方面，虽然可能只有十个"骗子"，但他们可以在多个平台同时行骗，其整体的危害可以非常大。就目前情况来看，"骗子们"在 P2P 平台上行骗后，可能没有任何人来追究责任，因为他们在每一个平台的借贷额度是非常有限的，任何一个平台都没有很强的动力花费大量的资源去追几万元的小额债务。如果每个平台都有十个"骗子"，他们都做同样的事，合起来，他们带来的体系风险就非常大了。

也有人说，即使有"骗子"，我们也可以通过高利率的形式来弥补坏账。但大家忘了一点：高利率的另一个作用是赶走优质客户。优质客户都走了，谁来付本还息呢？

P2P 平台也试图通过引入担保公司和信用增级来解决可能出现的大规模坏账的问题。但信用增级也只不过是把信用风险部分转移给了可能同时有问题的担保公司。大家不要忘记，在美国的次贷危机中，担保和信用增级并没有起到预想的效果。原因很简单，担保和信用增级机构也和投资银行、对冲基金一样，远远低估了次贷中的信用风险。

结构性思维：解决复杂问题的方法论

有人问，既然风险这么大，为什么还没有出现危机？一个重要原因是P2P行业的高速扩张。如果一个人借了钱还不起，只要有人再借给他，他就可以用新钱来还旧账。只要市场在扩张，就总可以借到新钱，市场从表面上看就一点儿问题也没有。P2P行业在过去几年的急速扩张给这种机制提供了有利的条件。

目前的P2P是民间高利贷的网络版。无数的先例已经警示我们，没有可靠合理的风险管理，金融活动往往会带来巨大的风险。当市场在高速膨胀期，增长遮盖一切，风险不容易显现。但长期下来，平台的"内伤"会随着市场的膨胀而呈级数级加重，后果将会是灾难性的。

第四章

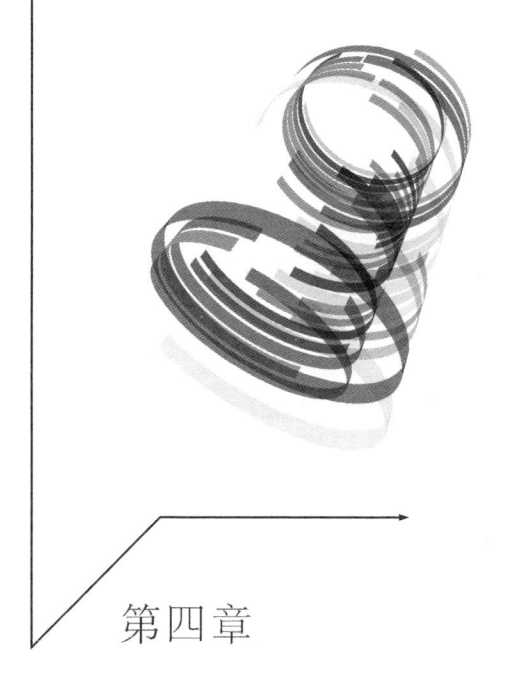

结构性思维视角下的管理问题

企业数字化改造的核心逻辑

> 企业数字化是当前的大趋势,但很多企业在数字化过程中感到迷茫。本文指出企业数字化并非一个简单的IT项目,而是对企业整个管理体系进行改造的系统工程。所以,理顺人在企业中的位置,以及人和人之间的关系,是企业数字化的关键。

企业数字化并不是一件新鲜事。计算机的商业应用始于20世纪60年代大型机的问世,再演化到20世纪70年代至80年代的中型机。个人电脑到了20世纪80年代末才开始大规模普及,从而使计算机的应用从纯商业场景进入千家万户。

从20世纪70年代的生产流程的数字化(MRP),到80年代末的全业务流程管理(ERP),到90年代的客户关系管理(CRM),再到21世纪的大数据、云计算、人工智能,企业一直走在数字化的最前沿。既然

结构性思维：解决复杂问题的方法论

企业的数字化已经走过了半个世纪，为何会在今天引起如此大的关注？笔者认为，原因主要有以下三个方面。一是中国企业的数字化水平较国际领先企业仍有很大差距，需要快速追赶。二是互联网巨头在经济体中的核心作用日益凸显，因此产生榜样效应，传统企业意识到 IT 技术不仅仅是这些网络巨头的，所有的企业都必须有效利用 IT 技术，为自己赋能。三是互联网革命已经彻底改变了企业与企业之间、企业与终端消费者之间的关系。

简单地说，IT 技术的革命性进步主要涉及信息的四个方面：收集、存储、传输、运算。在运算方面，遵循摩尔定律，芯片的运算能力大约每两年翻一番。运算能力的提高意味着运算成本的降低。人们较少提到的是在信息的存储、传输、收集方面有类似摩尔定律的规律在起作用：过去 50 年，信息的存储成本也在快速降低；目前家庭上网的网速大大快于 20 世纪 90 年代初的拨号上网速度；这些技术上的巨大进步使得海量数据的收集成为可能。而大数据分析、人工智能都是建立在海量数据和极低的运算成本上的。

企业数字化和社会数字化的技术基础是完全相同的，但在经济特性上有四个根本性的区别。第一，社会数字化靠的是技术和服务的吸引，是自下而上的产物，而企业数字化常常需要自上而下命令式的推动。第二，在社会数字化中 SaaS 应用往往简单，容易上手，而企业中的应用复杂、多样、专业，因此需要高得多的学习成本。第三，社会数字化的对象是人，而企业数字化的对象是人、机器，以及将人和机器连接起来的组织网络。第四，社会数字化，由于用户众多，整体社会价值巨大，但边际成本为零，平均成本极其低廉；而企业数字化需要大量定制服务，投入巨大，

第四章 | 结构性思维视角下的管理问题

收益有很大的不确定性,因此投资回报率不高。

也正是由于这些重要的区别,企业数字化在不少方面比社会数字化来得困难。绝大多数的企业数字化项目结果令人失望。但是迫于竞争的压力,企业又不得不进行尝试,因为企业数字化项目一旦成功,能给企业带来极大的效率提升和竞争优势。

在企业数字化中最容易成功的是生产的自动化和智能化。这并不是说事情本身简单,而是因为对机器的智能化改造不确定性小,成本和收益清晰,可以算清楚账,而且风险可控,即使出问题也不会影响公司的大局。随着人力成本逐年增高,用机器替代人的智能化生产就越来越有吸引力。

企业数字化的难点在于组织的数字化,其中包括对每个人的数字化改造以及对组织行为的数字化改造。首先,由于新软件、新系统的高学习成本,每个人的自然反应都是继续维护旧系统而排斥新系统。其次,企业数字化不是简单地利用IT系统,而是组织和管理发生根本性的变化。这种变化必然会影响组织中上上下下每个人的个人利益,有人获益的同时,也会有人遭受损失,而后者自然会形成对组织变化发自内心的抵抗。因此要想推动新系统的应用,就必须有从上到下整个体系的意志作为支撑。这里面的关键人物不是IT主任,也不是人事主管,而是公司的一把手。一把手不仅需要自觉自愿地学习使用新系统,更要作为新系统的主要推动者,才有可能让整个组织更新迭代。但是要做到这一点,一把手就必须在认知层面形成企业的数字化战略;形成数字化战略又需要企业有精通IT和管理的双料人才,以及一把手拥有对IT技术在组织管理中应用的深刻理解。对于传统企业来讲,这些都是需要补齐的短板,所以很多企业在数字化改造的过程中，往往道路不清晰、意志不坚定、投资不充分、浅尝辄止，结果自然是不会太好。

为什么传统企业家不容易产生数字化思维？因为传统企业的商业模式、组织管理都是建立在高信息成本的基础上的。当信息的收集、存储、传输、运算等成本很高的时候，企业就必须通过商业模式、组织管理的调整来适应这种高成本的情况。比如，传统企业对线下渠道的重视是因为在互联网未在大众之中普及之时，消费者的信息搜索成本很高，因此对线下渠道具有很强的依赖性，而电商使得传统线下渠道的竞争优势不复存在。

传统企业中的组织管理问题主要来自企业中的信息不对称和道德风险。信息不对称包括上下级之间的信息不对称和部门之间的信息不对称。典型的表现主要有：上级不知道下级心里怎么想，在干什么；下级不知道上级的核心关注点以及宏观意图；部门之间各自为政，没有协作，经常出现零和博弈。为了解决这些问题，传统企业就不得不经常传达文件、召集大家聚到一起开会，以期获得共识，最后的结果就是文山会海，留给做业务的时间就所剩无几。

企业中的道德风险源自信息不对称以及利益冲突。企业的雇员有自己的私利，和企业的整体利益一定有差异，而信息不对称保护了雇员在工作中各种各样谋私的行为，诸如以权谋私、假公济私、偷懒、不作为、睁一只眼闭一只眼等等。所以企业不得不建立高成本的激励机制让企业和员工尽量保持更高的利益一致性。同时，企业面临的难题是一方面不得不通过加强控制来减少道德风险，另一方面又得鼓励下属有所担当、能够对市场的机会做出快速的反应。企业越大，前者越重要，于是就有了"大企业病",失去了灵活性和创新能力。

企业数字化可以在很大程度上缓解上述问题。首先,通过数字化的协同办公,企业可以用很低的成本让信息流动起来,让上下级之间、部门之间实现充分的信息分享;其次,由于大部分的沟通都在数字平台上发生,所以对于管理者来讲,下级能看到的信息自己都可以看到,没有了信息不对称,道德风险也就没有了赖以生存的土壤;再次,借助更高效的监控手段,企业可以更大程度地放权给一线员工,实现更高的灵活性和市场反应效率;最后,公司可以利用大数据分析、人工智能等方法对沉淀下来的数据进行分析,从而获得组织管理上的"智能"。

提高沟通的效率,减少信息不对称以及员工的道德风险,可以看成数字化的初级成效。为什么说是初级呢?因为企业做决策仍然需要依靠人。而人工智能能够辅助人类决策,弥补人的不足。就像 Alpha Go 可以打败李世石、柯洁,人工智能也可以在企业管理领域发现人们平时无法发现的错误,提出诸多改进方案,快速反馈,从而大幅提升公司的管理和运营能力。

毫无疑问,智能化是商业的未来,而数字化是实现智能化的途径。所以企业所面临的,不是要不要数字化,而是在什么时候,用多大力度来推动企业数字化。

企业家应该如何应对不确定性

> 我们正处于百年不遇之大变局中,世界充满了不确定性。本文把不确定性拆分为风险与机遇,把风险拆分为已知风险与未知风险,然后讨论企业家应该如何降低风险,把握机遇。

人生最可怕的,不见得一定是不确定的。恰恰相反,死和灭亡是人生的铁律,在百年之内发生的概率几乎是百分之百,没有什么不确定性可言。对于这种确定的灾难,人们应对的方式无外乎两种。一种是用某种信念体系在脑海中创造一个平行宇宙,在这个虚幻的世界里没有痛苦、没有离别、没有死亡;另一种是主动拥抱死亡和毁灭,接受现实,提早做准备,尽量在活着的时候把该做的事情做完、做好。

地球上有相当一部分人是用第一种方式来对待死亡的。其优点是省时省力,进入状态后精神就可以无比强大。其缺点是至今还没有人能证明这个平行宇宙的存在。因此这种想法不可避免地会让我们在现实世界里产生诸多的缺失和遗憾：你本来这辈子想干的事情，由于可以推到下一辈子，就可能很多都没干；很多本来无法接受的现实，由于有下一辈子来弥补，就可以逆来顺受；你儿时的梦想，不小心错过了，被你一推再推，直到你老了就没了机会；你曾经暗恋的人，因为你不表白而错过了，你以为以后还有机会，岂知那可是永远地擦肩而过，没有下一辈子重新相逢的可能性。

真正能直面死亡和毁灭的人并不多，因为这事想起来真的让人很难受，甚至非常恐惧。但直面死亡有巨大的现实的好处，只有当你意识到你在这个世界上的日子并不多，甚至很短，你才知道怎样规划人生、把每一天过好。你会执着地追逐你的梦想，也会坚持你的价值观，因为没有下一次。你不会让你暗恋的人就这么轻易地从你身边悄然走过，你一定会让他/她知道你的心情；你也不会长时间不去探望你的父母，因为他们的时间比你更短，跟他们的见面其实比你所有的收藏更加宝贵；你甚至会改变你的事业，做一些更加有意义的事情，而不是仅仅追逐金钱。

把时间缩短到十年、五年、一年，确定的事情越来越少，不确定性却越来越大。不确定性本身不见得是坏事，你有一半的可能会时来运转，天时地利人和。所以，你对不确定性的恐惧并不是来自不确定性本身，好运你当然喜欢，你怕的是不好的运气。中国人对危机的辩证解释：危是负面的那一半，机是正面的那一半，两者相生相克。企业家群体和普通大众的一个很大的区别是对不确定性的态度。企业家抓住了机会，但同时也会冒比较大的风险；普通人由于害怕风险，就失去了机会。所以，对不确定性的处理，核心在于尽量地扩大机会，同时尽可能地控制风险。

结构性思维：解决复杂问题的方法论

不同人看同样一件事情，机会和风险的比率是不一样的。由于机会和风险都来自不确定性，通过获取更多、更全面的信息，通过研讨、反思做更精准的判断，就可以有效地降低不确定性，从而降低风险，提高机会和风险的比率。所以，企业家一辈子都要做的事情是持续学习，提升自己的思维能力，提高自己的认知能力。优秀的企业家和平庸的经营者的一个重大区别是，由于信息和判断能力的差异，前者在不确定性中看到的都是机会，而后者看到的都是风险。同样做一件事情，前者是让机会变为现实，后者则是要赌一把，"富贵险中求"。除了自己持续学习，优秀的企业家还需要打造知识型、学习型组织，让团队来拓宽自己的认知边界，提高自己的判断能力。企业家勤奋固然重要，但其效能是有上限的。企业长期的优势必然在于对信息的获取和判断上。睿智的、大格局的企业家，加上严谨的、聪明的、脚踏实地的团队，是长期竞争的法宝。

在不确定性的笼罩下，风险永远无法被完全消除。风险其实也分两类：一类是已知的风险，一类是未知的风险。管控已知风险最有效的方法就是大规模分散资产配置和对冲。跨公司、跨行业、跨地域、跨资产类别的投资组合，可以把能对冲掉的风险都对冲掉。企业家由于要保持对企业的控制权，在资产层面往往不得不承受企业和行业的风险。因此企业家在个人投资的层面需要更大规模地分散投资以对冲运营公司带来的过于集中的风险。比如2021年，教育行业的企业家如果个人投资也在教育行业，那么当行业巨变时企业家受到的打击就是致命性的。但如果个人投资能分散到新能源、军工、芯片等表现强劲的行业，就可以弥补一些教育行业的损失。

未知的风险其实更可怕，因为不知道它带来的灾难到底有多严重。新冠肺炎疫情就能算一个，是百年一遇的全球性重大灾难。2008 年的全球金融危机也能算一个，其严重性堪比 20 世纪 30 年代的经济大萧条。很少人会对这一类的风险做足够的准备，一方面是因为发生的频率不够高，另一方面则是不知道如何来应对这样的风险。正是因为这种风险的极大不确定性，以及造成的损失可能是毁灭性的，所以，应对的措施就应该是居安思危，做最坏的打算。在 21 世纪的今天，全球气候加速变暖，国际局势复杂多变，全球化带来的风险的高传导性，这些都给企业家带来了前所未有的挑战。在这种情况下，采取保守的策略，低杠杆运行，预留相当规模的现金储备，保障企业在极端情况下也能活下来，可能是最明智的选择。

风险就像死亡，你直面它，敬畏它，把未知变为已知，把已知的变为可量化的。采取积极的态度来做准备，是把当下日子过好的最有效方法。

老板，你为什么留不住人才

> 与企业家朋友交流，最常听到的抱怨就是团队不行，没有人才。但留不住人才的责任都在老板这里。新经济靠的是主动性和创造力，企业家如果把人才看成流水线上的工人就大错特错了。留住人才的唯一办法是把人才当合伙人，用合伙人制度来管理企业。留住人才需要企业家有智慧和格局，清晰地认识到自己的局限性。

新经济的核心是人才

经济就是经济，哪有什么新的旧的？我们之所以有"新经济"这个名词，是因为技术和创新在经济里占的比重越来越大，而传统的机器、厂房一类的重资产的重要性越来越低。我们说，像阿里巴巴、腾讯这样的企业是新经济企业，像中石油、中石化这样的企业是传统企业。新经济不只局限于互联网，所有以技术和创新为主要生产力的企业都可以被归类为新经济企业。所以，新经济的范围可以很广，可以有教育、医疗、娱乐、航空航天、IT等等。即使在传统企业里，有的业务部门因为大量运用新技术、新方法，也算新经济。

在传统企业里，资本占据主导性地位，其他的生产要素都围绕资本转；在新经济企业里，人是一切的中心，价值创造由人来完成，其他的生产要素只是辅助。从这一点来看，新经济企业的管理必须是围绕人才的管理。

劳动力和人才是两个不同的概念。在传统企业里，流水线上的工人是劳动力，和机器的区别实际不大，当机器变得更智能，就可以取代劳动力。所以单纯从生产的角度来讲，劳动力实际是智能化的机器，机器是低智能的劳动力。

在新经济企业里，人不是普通的劳动力，而是人才。劳动力是成本，但人才是资产。之所以叫人才，是因为他做的事情机器做不了（至少在未来很长时间内），而且人才有很大的自主性、能动性。人才做的事情一般不是重复性的，每次都有区别，所以很难标准化。同样在一家工厂，流水线上的劳动力做的是重复工作，但研发、销售人员是人才，每天做的事和前一天不可能完全一样。由于重复工作的不确定性非常小，所以劳动力在生产过程中一般会受到严密监控，一举一动都在机器或人的监控之下。出了问题，可以及时纠正。人才做的事，因为是不重复的，充满不确定性，没有标准，所以无法实时监控。对人才的评估需要长时间的近距离观察，在短时间内，老板即使就坐在人才的旁边盯着他干活，也无法真正知道人才是否用心尽力，或者是否真正胜任当前的工作。由于工作的绩效受到诸多因素的影响，人才的能力、努力程度、环境条件、运气等等都起着不可忽视的作用，所以即使有较长时间的业绩数据，老板一般也很难对人才有非常精准的判断。可以说，有人才的地方，就一定有"滥竽充数"的空间。

管理人才只能靠合伙人制度

在新经济企业里，管理者和人才的关系不能是绝对的上下级关系，一定得有合伙人制度的精神。合伙人制度的核心有两点：一是授权，人才可以最大限度地发挥自主性、能动性，决定自己干什么、怎么干，自己对自己的成果负责，企业提供平台的战略指导以及支持服务。二是企业和人才通过用契约锁定的分成机制，对业绩进行评估并分红。分红的方式可以有很多种：既可以是股份的划分，也可以是期权的赠与，还可以是现金奖励。契约的方式也可以有很多种：既可以是固定的股份结构，也可以是变动的股份结构，还可以是用信誉背书的隐性契约。契约如果合理，即使是在对人才没有直接监督的情况下，人才也会为了自己的利益尽心努力地工作，而企业最后也获得了最大的效益。不难理解，我这里说的合伙人制度是泛指，像律师事务所或会计师事务所所采用的是最典型的合伙人制度，此外，像美国大学的教授治校实际也是合伙人制度精神的体现。很多企业，例如腾讯，虽然是公司制，但其决策和激励机制有很强的去中心化特点，也符合合伙人制度的精神。

企业家最常犯的错误是把人才当劳动力。具体可以分为几种情况。一种是没有充分授权，大事小事都要汇报，没有批示什么都不能做，人才就没有了主动性，当环境变化时，反应速度就会很慢，效率自然就低下。更糟糕的是老板为了控制，用低能但听话的人组成自上而下的管理体系，试图把人才束缚起来，既想发挥人才的能动性，又想简单粗暴地避其所短。这样做的结果一定是人才和低能的中层管理者正面冲突，最后大多是人才离开，老板周围留下一大批低能但听话的马屁精。另一种是对人才的激励靠死工资，没有与业绩挂钩的分成机制。虽然这样企业可以把人才的收入当费用来算笔细账，企业获得百分之百的利润，但是人才的能动性一定会大打折扣。在这样的激励机制下，能力强的人才要么选择离开，要么选择偷懒，一个能力一百分的人才可能只拿出五十分的努力。在这种情况下，管理者往往会大呼天下人才难求，殊不知人才就在眼皮底下，只是你不把他当人才对待而已。

合伙人制度的核心是对价值创造的全要素度量

在制定合伙人制度时，如何授权？人才的业绩分成应该是多少，公司应该留多少？这些要看公司的平台价值和人才在工作中的贡献，对公司整个价值创造做全要素的度量。人才之所以不都是个体户，而选择在公司工作，是因为公司提供了个体户所没有的重要资产。首先，资金是一个非常重要的资产。谷歌、苹果能有那么多创新和它们拥有的巨额资金是密不可分的。钱多了，就有更强的风险承受能力，就可以考虑更长远的事情，所以就能做风险更大但回报也更高的创新。其次，品牌也是一个非常重要的资产，一个会计师，能力再强，新客户很难一时半会就了解并信任他，但是如果这位会计师来自四大会计师事务所，那么他在客户面前就有了可信度，这样可以大大降低交易成本。所以，人才加入有品牌的大平台，对他的事业发展是有很大帮助的。最后，即使是走在创新最前沿的企业，也有很多重复性的、基础的、不确定性比较小的工作，我们把这些工作叫基础职能工作，比如IT、人事、财务、风险控制等等。对这些工作的投入在很大程度上属于固定成本，所以企业的业务规模越大，规模效应就越强，而个体户在这方面的劣势就非常明显。

所以企业有三种贡献应该得到合理回报：一，企业对资金的贡献需要得到风险溢价。一个典型的例子就是市场上的风险投资基金对项目回报率的要求通常都比较高。对于高风险项目来说，投资者要求每年百分之二三十的回报率都不足为奇。二，企业在基础职能工作上的支出，也需要摊到业务中作为费用。三，企业最重要的贡献可能是品牌价值，如果公司品牌至关重要，公司自然就应该多分到一些，如果公司品牌价值不大，公司就不能漫天要价。需要注意的是，品牌的价值是相对的，人才也可以有自己的品牌。例如影视明星、体育明星、著名作家、艺术家、学者、科学家、工程师等都有可能建立自己的品牌。当一个大明星应邀到一个小公司去拍电影，品牌就来自明星而不是公司。这时，公司不仅不能要求明星付钱，还需要倒掏腰包给明星。这里有一个常见的问题，人才在某个平台上发展起来，逐渐建立了自己的个人品牌，但与公司的契约是在个人品牌价值相对较低的情况下签订的。在这种情况下，如果公司不主动调整契约，人才就会越来越不满，最后与公司分道扬镳，要么去竞争对手那里获得一个更合理的新合同，要么出去当个体户。当然，不是在任何情况下公司都需要迁就人才，因为有时候人才的个人品牌虽然有很大的市场价值，但在公司里被埋没了，对公司品牌和业务并无实质影响。这是一种资源错配，所以在这种情况下，人才离开公司对个人是件好事，并且对公司也没有很大的影响，从整体上看是个价值释放的过程。这样的人是非走不可的。但大多数的人才流失是因为管理层没有建立起一个很好的激励机制，不能正确地认识到人才的价值，等于把黄金当沙子倒掉了。因此，合理的激励机制是公司留住人才的重要因素。

"武大郎开店"是普遍现象

引入合伙人制度看似是一件很简单的事情，那为什么吸引人才、管理人才还这么难？两个原因：一个来自体制，一个来自个人。合伙人制度是制度安排，而所有的制度安排必然是自上而下的。顶层的制度安排不合理，具体的业务大概率好不了。

最糟糕的情况是，如果独当一面的管理者本身没有得到激励机制的保障，那么他就很难把自己的事情做到最好。首先，因为自身的地位没有得到机制上的保障，所以管理者会有很强的不安全感，对优秀人才会又爱又怕。爱是为了业绩，怕是担心优秀人才威胁自己的地位。其次，管理者也不会建立一套有效的激励机制，因为如果做得太成功，人才的作用发挥到了极致，那么他自己的作用就无法显现，因此他会压制人才而时时刻刻突出自己。所以，一个新经济企业要想把管理做到效率最大化，从上到下每一个层级都需要有一个最合理的激励机制。

人才积累是一个重要的发展指标，我们要清醒地意识到任何一个层级的领导者的能力都是这个层级及以下层级的人才能力的上限。"武大郎开店"不是个别现象，而是普遍现象。只有"武大郎"的地位有高度的安全性时，他才有可能重视人才，用比自己更优秀的人，让他们有更大的发展空间。所以，如果企业不愿意给"武大郎"终极的安全感，那么提升人才结构质量的唯一办法是把他换掉，这样才能自上而下，一层一层地提高人才的整体素质。如果公司错把"武大郎"当成了最优秀的人才，那"武大郎"所管辖的部门就没救了。所以，在公司里打通从最底层到最高层的交流渠道，时常评判管理者的综合能力是人才管理的重要举措。

引入合伙人制度的另一个难点是企业最高领导的认知问题。尤其在民营企业，企业家从创业到做大企业，历经坎坷，经历了风风雨雨，自然就非常自信。企业家会说，企业的战略我说了算，执行由团队来完成，这样从上到下就很有效率，没有必要引入合伙人制度。但创新呢？小的创新发生在执行层面，但大的创新会影响企业的战略。如果战略由一个人说了算，企业的大创新也由一个人说了算，那么企业就把自己的将来押注在一个人身上。企业为什么要创新？创新不是为了用来做点缀，而是为了生存。企业的经营环境无时无刻不在变化，没有创新，再好的企业也是活不下去的。我们是不是经常纳闷为什么大多数企业活不过十年？没有正确的创新就等于死亡。这里问题就来了，我们如何保证企业的一把手是最有创新能力的人，而且比其他人加总起来都厉害？企业能有今天，有多少是因为天时地利人和，有多少是因为一把手的创新能力？在回顾成功经历的时候，人们往往会忽略运气、环境的影响而夸大自己的主观能动性。企业家如果认识不到自己成功的偶然性而认为自己是企业里当之无愧的最有智慧、最有判断力的人时，基本就丧失创新能力了。迈不过自恋坎，企业家就很难在新经济里有更大的作为。

高尔夫球与企业管理

> 高尔夫球是一项博大精深的运动,不仅对人的心理素质和智慧有很高的要求,还能增强人的体能。这篇文章把管理企业与打高尔夫球相比较,发现两者有异曲同工之妙。

高尔夫球既是奥运会上的竞技项目,也是一项相当普及的大众运动,企业家打球更是百利而无一害。运动使人健康,长期中等强度的运动能延长人的寿命。和足球、篮球、排球不同,高尔夫球可以一直打到80岁。如果走不动了还可以坐车打,是延年益寿的好事情。

高尔夫球场既是运动场所又是社交场所。企业家做企业不得不见人、寻找合作伙伴。为了节省时间、改善氛围,企业家和合作伙伴并不都是在公司的会客室见面。吃饭、喝茶、打球是最为常见的替代活动。喝茶还好,吃饭喝酒太多了,实际害处很多。中国人讲面子,吃饭必会点超出大家饭量一倍以上的菜品。你吃吧，实在是吃不下了，而且大多数企业家到了一定年龄血压高，血脂也高，身体过胖，可能还有轻度的糖尿病。你不吃吧，菜品都变成了摆设，饭后就成了垃圾，违背了中国人勤俭节约的优良传统。

喝酒就有更大的问题，中国酒文化盛行，不信可以看看茅台的股价。但长期喝酒有害健康，这点已经被近些年的医学研究所证明。我看到的数据是长期大量饮酒会导致多种严重疾病，例如癌症、心脑血管疾病等，平均减寿四到五年。打球则不然，不仅没有这些坏处，还对健康大有好处。世界上绝找不到比这更好的"补品"。

此外，人在球场和酒桌上的行为也是不一样的。在酒桌上，人们通过轻微或重度麻醉而放下戒心，产生亲近感，有了感情，不好做的生意也可能做成。但在喝醉时达成的商业协议往往是不靠谱的，后续可能带来很多的麻烦。打球则不一样，球场上的人不用麻醉也是放松的。人性的弱点，像傲慢、自大、贪婪、狡诈、赌博心理、谨小慎微、斤斤计较、瞻前顾后、掩耳盗铃、撒谎、易怒、顽固等等都会在不知不觉中暴露无遗。在球场上讲规矩、老实的人，在现实生活中一般也是一样。同样，在球场上作弊、耍赖的人，在跟你的合作中大概率也会表现出一模一样的性格。所以，企业家如果想找一个靠谱的合作伙伴，球场的效率胜过饭局十倍。

对企业家来讲，高尔夫球最大的好处是它可以提供一个极低成本的企业管理模拟课程。企业家从小的成功到大的成功，必须走出误区，扫除自己在管理中的盲点，提高自己的能力，提升自己的格局。但企业实践是一个周期长、成本高的活动，你今年做的决策，可能要到三年以后才有结果，而且结果的好坏并不完全由你现在的判断决定。俗话说，天时、地利、人和，有很多因素决定成败，在球场就不一样。打高尔夫球的每一杆，都像一个投资项目，有风险也有回报。所以，你每打一杆，都必须做好风险回报的比较分析，而你的判断就是决定最后结果的最关键因素。而且，结果会来得很快，你不用等三年，一般只需五秒钟。有时甚至在你的球杆还没有击到球时，你就已经知道自己犯了巨大的错误。这种反馈机制可以提供一个绝佳的环境让企业家自省，看到自身的不足，然后才能提高。

根据我的观察，对于大部分民营企业而言，企业发展最大的瓶颈往往是企业家本人。创业的成功和过去的辉煌使企业家很容易骄傲自满，形成固化的思维方式。而在自家企业这个唯我独尊的小环境里，时间长了，企业家往往听不到逆耳的忠言，也根本没有机会自我批评、自我反思。在这种情况下，企业常常停滞不前，而企业家却是一头雾水，不明真相。高尔夫球是一项极其困难的运动，专治各种傲慢和不服，其快速反馈机制能促使企业家跳出固有的思维方式，走上自省、自我提高的道路。

打高尔夫球和管理企业有异曲同工之妙，都需要战略、团队、执行。打高尔夫球的战略制定相对比较简单，但也必须把环境和自身能力结合起来，做可做、该做、能做的事情。制定好的战略需要精准的信息。"这个洞总共有多长""哪里有危险""有没有视觉差""刮风的方向和风速怎样""球道的软硬程度如何""对手情况如何"，这些都是重要的信息，必须完全掌握。

有了这些信息后，采取的战略必须从自己的水平出发。风险和机遇是辩证统一的关系，高水平选手的机会往往是低水平选手的风险。如何能做到既不骄傲自大，又不妄自菲薄，永远用理性的思维追求最大的回报风险比，这是战略的关键。心理因素极其重要，自信的人能把水平发挥出来，

结构性思维：解决复杂问题的方法论

而保守的策略可以让你更自信。因此基业长青的企业往往稳健，低杠杆运行，和打高尔夫球的保守策略是一个道理。

打高尔夫球的团队很简单，只有你和你的球童。虽然只有两个人，但也是一个团队。球童很重要，你们必须互相协作才能把事做好。球童不是简单地提供一些像拿杆倒水这样的体力服务。如果你到一个不熟的球场打球，球童就是你的军师，为你提供至关重要的信息和建议。如果你有幸遇上一个技艺高超的高尔夫球高手，那他一般会是浑身晒得黝黑的小伙子，他还可以是你的实战教练。而当你倒霉的时候，你可能会遇上一个不仅水平不行，而且心理素质还极差的球童，当你遇到挫折时，他不仅不能鼓励你，还唉声叹气、怨天尤人，直接影响你水平的发挥。所以，你在公司组建团队时，要多依赖水平高的人，尽量不用水平低的人。如果你本身的水平极其有限，花时间、花成本，提前找个优秀的金牌"球童"当合作伙伴会事半功倍。

企业家都知道，发展战略固然重要，但执行更为关键。因此企业家大部分的时间都会花在执行上。在企业界，我们一眼望去，六七十分的企业满眼皆是，真正优秀的企业却少之又少，主要的区别就在执行上。海底捞并没有发明火锅，但没有海底捞之前大家可能都不知道火锅店能开到这种地步；苹果不是智能手机的发明者，真正的发明者IBM公司有引领时代的视野和想象力，也有绝对一流的人才，只是没有组织和执行能力把梦想变为现实，让智能手机真正实现商业化。

执行之所以难，是因为企业是一个复杂体系，整个体系的运转需要成百上千个要素和环节相互配合，因此提高体系的效率不仅需要提高每一个环节的效率，还需要让每个环节都配合起来，提升整体的效率。所以提高

第四章 | 结构性思维视角下的管理问题

执行能力一定是整体性的,是一件复杂耗时的工作。如果说战略制定需要创造力和过人的判断,那么执行力的提升则需要毅力和自知之明。如果我们看到一个成功的企业家,他在判断和认知方面没有过人之处,那么他成功的秘诀往往在执行上,并且一定是个十年如一日的执着的经营者。

打高尔夫球在技术层面和企业的执行非常相似。打高尔夫球看似简单,实则极其困难。主要的原因是打高尔夫球类似于射击,需要精准度,要百步穿杨。但和射击不同的是,射击时全身除了手指,都是静止的,因为只有这样才最稳定。而打高尔夫球需要全身都动起来。在整个挥杆过程中,全身上下每个部位都在同时运动,而且只要有一个环节出了细小的问题就会造成击球的失误。所谓差之毫厘,失之千里,越远距离的击球,失误就会被放得越大。射击可以做到枪枪十环,但打高尔夫球绝对不能有这样的奢望。十全十美的事情是不存在的,所以你追求的不应该是完美的结果,而只能是不停地进步,你永远都有上升的空间。

打高尔夫球和做企业一样,都有一种所谓经验主义的理念,一切以结果为导向。由于体系的运作是很多部分协作的结果,如果一个部分出了问题,比较快捷的方式往往是用另一部分凑合着进行弥补,从而让体系能够正常运转。比如打高尔夫球如果转身不充分,杆面是开的,球就会向右跑,为了解决这个问题你可能就得使劲甩手腕让杆面转回来。但这是一个过于精细的动作,做得刚好球就正了,做过了球就有可能往左跑,没有稳定性。做企业也一样,比如你的激励机制不到位,你的员工自然没有积极性。在短期内你可以多做思想工作,用一些新人,画一个大饼,但过段时间,新人变成了老人,没人再相信你从来没有实现过的承诺,企业就又回到了原点。

所以做好管理和打好高尔夫球一样，必须把重点放在基本面上。打高尔夫球，基本面是用身体的大肌肉（腰、胯、躯干）来挥杆，而身体的小肌肉，比如手臂、手腕、手指尽量做到自然、静止。高手们常说的"用身体打球""顶胯、转腰"，指的就是这些基本面。而企业基本面的核心是规章制度和企业文化。优秀的企业文化是优秀企业的必要条件。企业文化是企业的基因，会在所有的企业行为中表现得淋漓尽致。企业文化的根本在于企业家对企业的愿景和理想，是想做统治生态体系的巨兽，还是得过且过的蝼蚁。如果想做顶级企业，那么在人才、组织、敬业精神、认知见识、激励机制等等因素上都必须做到顶级的配置，不能凑合。

让组织能够发挥团队的力量，超越企业家个人的局限，做到群体理性，又是文化建设的核心。这些事情都不容易，最难逾越的障碍就是企业家本人。企业文化是企业家建立的，如果企业家本人不能看到自身的思维误区，就无法通过组织的方式克服这些缺点。企业家不必是个万能的人，甚至在很多事情上自己不必优秀。对于企业家而言，最重要的是知道自己的能力边界，清楚自己的缺点，然后能够毫不犹豫地改正自己的缺点。打高尔夫球不能解决企业的核心问题，但能让企业家看到自己的缺点，并让企业家通过自省，一个一个地改正这些缺点。

有人说，高尔夫球是绿色鸦片，一旦打上了，这个瘾可能就戒不了，会不会影响企业经营？真正因打球上瘾影响企业经营的人实际都不可能成为优秀的企业家。他如果不打球，还可能干其他对经营企业无益的事情。企业家打球不是为了成为真正的高尔夫球高手，而是通过一个健康的运动进行一场长时间的修行，实现身体、智慧双丰收。拥有理性思维、活在当下、做到收放自如，这些才是高尔夫球的真正精髓。

如何思考企业的社会责任

> 企业越大，企业的社会责任就越重要。企业家很容易犯的一个错误就是把企业利益和社会利益完全区别开来，觉得企业的归企业、社会的归社会。本文从契约理论的角度说明社会责任实际是企业众多契约关系中的一部分，企业越大，其社会性就越强，其社会责任也越大。理解企业的社会责任有助于企业家从更宏大的视角理解企业的使命。

企业有着各种各样的契约关系：股东之间，股东与管理层之间，管理层与员工之间，公司与公司之间，公司与政府之间，公司与社会之间，等等。我们平时之所以说公司的所有权是股东的，是因为股东掌握着对公司资源调动的控制权。但如此复杂的契约关系说明企业绝对不是简单地属于股东。追求股东利益是股东的核心诉求，但公司必须满足其他的契约条件。例如股东们为了分红，必须先付清员工的工资、供应商的应付款、银行贷款的利息和本金、国家的税收等等，有了剩余才能轮到自己。

由于股东在分配顺序方面居于绝对的靠后位置，一般来说，企业在满足股东利益时，已经承担了其他契约关系中的主要责任。所以，在像美国这样实行自由市场经济的国家，在很长时间里，社会提倡的是企业应该心无旁骛，一心追求股东价值最大化。美国人不是说企业可以唯利是图，做危害国家、危害社会的事情，而是假设这些事情都有法律和道德的约束。但德国人就不一样，他们认为股东并不能代表企业的所有参与者，因此员工代表和给公司授信的银行，在公司管理中也要有很强的话语权。中国的国有企业就更加复杂，大股东不仅要追求财务回报，还要完成诸如稳定社会就业、维护意识形态、刺激经济等多种任务，因此国有企业在市场中的行为与私营企业有很大的不同。

在企业错综复杂的契约关系网络中，有些东西是以文件的形式表达的，比如公司章程、高管的聘用流程、激励机制、员工的雇佣合同、公司与客户或供应商的交易合同等等；还有一些东西是隐性的，比如公司实控人的道德标准是什么、股东认为高管和员工是资产还是费用、公司对上下游合作伙伴的态度是长期主义还是短期主义、公司在企业利益与社会利益有冲突时如何做出抉择等等。总之，即使在法律最健全的社会，企业所牵涉到的契约也不可能被法律全部覆盖，相当多的责权关系属于隐性的、不完全的合约。出了问题，解决问题的方法不是对簿公堂，而是文化和道德的约束、社会舆论的监督。

那么什么是企业的社会责任？企业社会责任实际就是企业必须遵

守的，除法律和行政法规之外的文化和道德约束。相较于遵纪守法，社会责任的考量实际更加复杂。一个重要的原因是文化和道德是隐性的，往往没有以文字的形式详细记录下来，或者是有很多不同的文字来源，因此有很高的不确定性。另一个原因是文化和道德是动态的，随着经济的发展、社会的变迁而改变，企业如果不能与时俱进，经常会跟不上文化和道德的发展。从前被普遍认为是社会楷模的事情，到今天可能被人唾弃；今天被大家认为是非主流的事情，将来也有可能成为社会的主流。

与法律、行政法规的变化相比，文化和道德的变化速度更快，也更符合发展趋势。当下文化和道德所蕴含的理念，到了将来就有可能变成法律和行政法规。换句话说，法律和行政法规实际都有一定的滞后性，企业如果只注意遵纪守法，而不注意文化和道德的发展，自然就会在某些领域因为没有承担"社会责任"而受到社会的制约与惩罚。

在全球范围内，一些大的趋势正在推动文化和道德的发展。最为明显的是环境保护问题，而全球气候变暖是其中最为重要的一个子问题。这是人类社会自工业革命以来集体遭遇到的最为危险，也最难解决的重大问题。到目前为止，在法律和行政法规方面，全球还没有对解决这个问题达成广泛的共识。各国、各行业还在为谁来负担成本讨价还价，争论得面红耳赤。在这种情况下，任何一个企业，如果走在降碳和解决全球气候问题的最前沿，就是尽到"社会责任"的典范，会受到世界大多数人民的尊重和欢迎。马斯克和他的特斯拉就是这样的一个案例。除了科技创新和良好的经营基本面，不得不承认，马斯克和特斯拉在全球受到狂热追捧，和其"社会责任"有很强的关联。

结构性思维：解决复杂问题的方法论

除了对环境的关注，经过近半个世纪的自由市场经济的高速增长，在全球范围内对极端市场状态下导致的日益严重的贫富分化也让人们开始重新反思原有制度安排的不足之处。在美国的表现是"占领华尔街"，是特朗普的崛起；在欧洲的表现是英国脱欧，是各国民粹势力的抬头。在中国，"共同富裕"已经上升到了国家战略的高度。在税收制度、法律制度、政治制度还没有对贫富分化做出明确的反应前，有"社会责任"的企业就会从善待自己的员工做起，提高劳动报酬，改善劳动条件，适当缩小收入差距；管理层和投资人则可以在个人层面用慈善捐赠的方式回馈社会。不这么做当然不会违反法律，但一定会受到社会舆论的批评，对企业的品牌、收入和利润率都会产生负面影响。这就是为什么有时候我们看到越有社会责任感的公司收入增长越快，利润率越高，股价上涨越快。

在过去二十年里，互联网巨头在全球的崛起是商业领域具有重大影响力的事件之一。像亚马逊、谷歌、脸书、阿里、腾讯这样的企业，一旦占据了互联网的流量入口，规模效应呈几何级数增长，几乎可以到任何一个行业（尤其是 To C 的行业）兴风作浪，颠覆原有格局。与此同时，随着这些互联网巨头的竞争逻辑由初期的科技创新逐渐演化为后期的垄断力支撑下的零和博弈，这些公司的利益也从和社会利益高度吻合逐渐演变为一定程度上的对立。企业有"社会责任感"的做法是要清醒地感知到这种变化，继而调整公司的竞争策略，让权、让利给竞争生态和广大用户。可惜的是这些互联网巨头并没有这么做，而是大都保持了企业初创期的狼性文化，在公司已经有巨大支配力时，仍然把力用到百分之百，四处出击。所以最后迎来的是全球范围内的反垄断制裁。即使像"让天下没有难做的生意"这样的初衷也无法消除社会对这些公司继续高速发展的担忧和不满。

企业管理是一件复杂的、永远在变化的事情。企业小的时候,创业者只需要把企业经营好,让企业活下来。企业大了以后,企业家就不得不从更高层面重新审视企业的所有侧面,从各个层面让企业发展的利益与社会利益高度统一,这样才能获得基业长青的基本条件。

如何系统思考企业传承问题[①]

> 对于很多民营企业而言，企业的传承问题已经非常紧迫。本文帮助企业家理清自己与企业家精神、孩子、财富、企业的多重关系，说明只有把这四项分开来考虑才可以获得最优的传承方案。

20世纪80年代的第一代民营企业家，到现在都是六七十岁的年纪，到了退休的年龄。如何把接力棒交给下一代，成了一个困扰企业家的重大问题。放眼望去，为什么巴菲特、比尔·盖茨要把自己绝大部分的资产都捐出去？为什么李嘉诚把自己的财产分为三份：企业给大儿子管，小儿子拿钱，基金会用三分之一的财富做公益？

[①] 原文发表在2021年09月27日的《第一财经》。

第四章 | 结构性思维视角下的管理问题

如何系统性地思考企业家的传承问题？我们首先要弄清楚企业家有哪些东西要传承。在我看来，主要有四个方面：财富，企业，智慧和经验，DNA。

普通老百姓的传承问题相对简单，很多人实际不做任何规划，尤其是只有独生子女的。有多个孩子的人，做得好点的大不了是提前把遗产根据自己的意愿做个合理安排。做得不好的，就是一笔糊涂账，常导致自己百年之后孩子们之间闹矛盾，甚至反目成仇。

企业家的传承问题比普通百姓要复杂许多：第一，企业家的财富规模往往巨大，远远超出了普通人一辈子的消费需求。很多企业家的孩子们在继承了上一代的财富之后，可以在不做任何工作的情况下过上非常富裕的生活。第二，企业家之所以成功，是因为他们除了机遇和运气之外，还有一些过于常人的智慧，以及在长期经营企业的过程中所积累的经验。这些精神和文化财富对下一代是有巨大价值的。第三，除了财富、智慧和经验、DNA，企业家还必须考虑把企业交给谁，让谁来接班。企业对于企业家来讲，就像是另一个孩子，凝聚的是企业家毕生的智慧和汗水，注入的是企业家的精神DNA。

为什么很多企业家的传承做不好？主要是没有把传承问题想透，而用理想化的方式来安排传承问题：想尽一切办法让孩子继承家业，让自己的孩子将自己的家族企业发扬光大，同时保留自己创立的所有精神和物质财富。

首先，这种理想化的方式所犯的最大错误是没有把孩子当成独立的个体，而是把他当成所属物，简单地定义为"我的孩子"，重点在"我的"。但成年的孩子显然有独立的人格、独立的思维、独立的喜好，是独立于父母之外的存在。他有追求自己幸福、快乐的权利。作为父母，如果不把孩子的福祉看成最重要的考量因素，逼着他来管理自己的企业显然不是上策。如果孩子没有兴趣，让他来管理企业实际上是让他以牺牲自己的幸福和快乐作为代价的。

其次，就财富而言，企业家能传承的既有现金、房产、古董收藏等有价资产，也有企业的股权和控制权。企业的价值和有价资产不同，企业的价值和谁来管理息息相关。让有激情、有能力的人来管理，企业的价值就会增加；让不感兴趣或没有能力的人来管理，企业的价值就会缩水，甚至最后归零。所以，从财富最大化的角度来看问题，企业家把企业交给自己的孩子实际问题很大。不是说企业家的后代一定没有能力，但真正能在众多候选人中出类拔萃的概率是很低的。这是个概率问题，是自然规律。

最后，如果把企业看成企业家的另一个孩子，企业家对企业具有深厚的感情实际上是人之常情，完全可以理解。但如果把这个"孩子"的福祉独立出来看，它的发扬光大需要有天下最好的管理和最好的平台。因此，如果自己的生物子女没有这个能力或意愿，企业家实际是牺牲了自己的另一个孩子。再者，企业到了一定规模，在某种意义上是属于社会的。除了自己的家族，高管、员工、客户、供应商、政府、社会都和公司有千丝万缕的紧密关系。在企业传承的问题上，企业家既要想到自己、自己的孩子，也要考虑到所有的这些利益相关方。

那么，企业家到底怎样才能实现传承的目的？换言之，传承的目的到底是什么？我认为关键是要把传承的四个方面分开来，分清主次考虑才行。

第四章 | 结构性思维视角下的管理问题

第一,孩子是自己的生物子女,企业是自己的精神子女,他们的福祉和利益要分开。传承的主要目的是让企业家的生物 DNA 和精神 DNA 都得到很好的延续。要做到这一点,就不能把它们搅到一起,混为一谈。

第二,为了能让自己的生物子女过上幸福美满的生活,企业家首先得尊重他们对生活、对职业的自由选择,如果管理家族企业不能带来幸福和快乐,就不要让他们接手。

第三,企业家不见得非要把自己所有的资产都交给孩子们。一方面,人的快乐来自安全和自由,在财富很少的时候,幸福和财富有很大的关系,但到了一定程度,财富如果不能带来更多的安全和自由,实际会是负资产。另一方面,继承的财富和创造的财富对一个人的自信和满足有完全不同的作用。如果财富是继承来的,而不是自己挣的,孩子就没有驾驭财富的能力。没有这种能力,最后的结果要么是孩子整天惶惶不可终日,怕丢掉财富,要么是冒几次风险后,财富荡然无存。古人云,富不过三代,就是这个道理。

第四,为了让自己的精神子女发扬光大,企业家一定要找最合适的管理者来管理企业,而不是简单地把企业交给自己的生物子女。如果自己的生物子女恰好是最优秀的人选,自然没有问题。但如果不是,就不要勉强。自己的生物子女可以持有股权,但不见得一定得有控制权、管理权。如果自己的生物子女不是管理企业的最佳人选,企业家就应该把控制权转让出去,把企业中的股份看成有价资产。

第五,企业家在思考传承问题时,实际上是在思考人生最大的问题:生和死。企业家死后,他留在世上的只有精神和 DNA,其他的都是浮云。所以,企业家传承最重要的是把自己的精神、智慧和经验传给下一代。最幸福的企业家能够把自己的精神 DNA 和生物 DNA 紧紧地绑在一起。而要做到这一点，不能等到七八十岁。传承工作是个细活、慢活，要从孩子一懂事就开始，点点滴滴，日积月累。孩子如果继承了企业家的精神 DNA，他就有了创造价值的能力。孩子这一辈子到底怎样生活、干什么，跟爱好、机遇、环境有很大的关系，所以很难预测。但具有企业家精神的孩子一定能再创辉煌。这不就是企业家最想要的吗？

如何培养领导力[1]

> 领导力是企业家、政治家必须拥有的核心能力,其来源有两种:硬实力和软实力。本文强调软实力虽然效果不明显,但更有持续性。

领导力是怎样产生的?有三种情况。第一种是雇佣型:一个人想做一件事,拿出钱,雇佣一帮人来帮忙。雇主是领导人,钱是领导力。第二种是行政型:大领导由于自己的时间和精力有限,为了提高效率,建立管理层级,指派一些小领导分别管理一群人或一些事。小领导也是领导人,只不过领导力来自大领导和组织。第三种是领袖型:一群人,想去一个地方,领路的人就是领导人,其他人是追随者,领导人的经验和判断是领

---

[1] 原文发表在 2022 年 5 月 22 日的《经济观察报》。

导力。

不难看出，这三种领导力的来源不同，性质也有所不同。第一种和第二种其实非常相似，领导力的来源都是"硬实力"，是用交换或者胁迫的方式让别人听从自己的指挥。雇佣型必须有激励机制，钱只是一个例子，也可以是其他有价值的东西（比如官职、名誉、级别、待遇），甚至可以是暴力。行政型领导力是组织力量的衍生品，取决于大领导本身的领导力以及大领导对小领导的信任程度，是这二者的乘积。由于这种行政力量带来的领导力本身有强迫性，因此我们说这种领导力的来源也是硬实力。

领袖型领导力和其他两种区别较大，靠的是吸引和说服，而不是胁迫和交换。这种领导力的基础是"软实力"，包括视野、智慧、品德、经验、格局、亲和力等能够对人产生自然吸引的品质。这种领导力的一个重要特点是领导人和追随者的目标是一致的。大家在一起并不是要走领导人走的路，而是要走大家本来就要走的路，领导人代表群体的利益，让群体协作更有效率。而在基于硬实力的组织中，领导人和下属在根本目标上往往不同。领导人可能有自己的理想，但下属之所以听话，只是因为可以获得奖赏或避免惩罚。

只要有超过一个人的地方，就会有领导力的存在。小孩子的社会关系非常简单。小孩子只有两种领导，在家是家长，在学校是老师。孩子们之间的关系一般处于平等和无序状态。孩子们私下形成的小团体、自组织主要依赖的是感觉和喜好。有的孩子找不到喜欢的玩伴就可以选择独处。小孩子也可以有领导力。一种是行政型的，老师指派个班长、课代表、小组长，这些小领导就有了一定的权威性。但由于手里的资源有限，这些小领导既无法奖励也无法惩罚其他孩子，所以起到的作用不大。另一种情况是有的孩子很小就具备领袖型的领导力。这些孩子王或是因为球打得好，或是能把一群孩子组织起来玩得更好，自然而然就有了一群追随者。不难看出，这两种领导力有本质的不同。孩子成年以后表现出的领导力往往可以追溯到其年少时当孩子王的经历，而当数学课代表这类差事似乎没有多大的预示作用。

进入社会，年轻人会面临一个等级更严格、权力关系更复杂的金字塔型体系，而自己正处在这个金字塔型体系的最底部。这种权力关系在不同的社会有不同的表现。有的社会这种关系更加扁平，底层能发声，高层有约束；有的社会更加垂直，权力自上而下以行政命令的方式表达，底层的意见得一层一层逐级向上汇报。在扁平的社会里，大部分的领导力是属于雇佣型和领袖型的。有领导力的人要么是创业者，要么是社会组织者。在垂直的社会里，行政型的领导力是主流。由于行政型的领导力来自上级，为了获得更多的领导力，人们发现让领导高兴是工作中最重要的事情，而把事情做好在次要地位，更不要说自己下属的看法。于是大家就都眼睛向上看，会花很多的时间和精力让领导赏识自己。一旦成功获得升迁后就继续找下一个更大的领导，做同样的努力。这种行为在中国俗称"拍马屁"，在西方俗称"亲屁股"。拍马屁行为所体现的不仅仅是道德问题，更重要的是权力结构过于垂直，信息流动不畅，是自上而下的单方向流动。这一点在企业里表现得极其明显。但凡是一言堂的企业，一定会滋生马屁文化。大家都拍马屁，自然会忽略了工作，最后削弱了企业的创造力，降低了运营效率，企业家甚至会因为信息的闭塞而导致重大判断的失误。

在行政型环境中成长起来的年轻人，等自己结婚生子后就有了一个新的问题。在孩子的教育问题上，家长有终极的责任。虽然老师、学校、政府、社会也在孩子的成长过程中起到非常重要的作用，但这些都可以看成供应商，而只有家长才是孩子教育的真正甲方。从本质上看，教育的过程实际是一种领导力的表达。家长是领导者，孩子是追随者。知识、经验、价值观都得获得孩子内心的认可才可能留在孩子的脑子里。如果家长希望把孩子培养成智慧的、有爱的、有能力的人，自己就必须在所有这些方面起到表率作用。但如果家长自己常年追求的领导力是行政型的，缺乏软实力，那么孩子在家里就无法获得领导力的培养。这样的孩子自然而然就输在了起跑线上，长大后不是说一定不能成大器，只是难度会很大。

所以说，领导力最深层次、最有持续性的源泉不是硬实力，而是思想、道德这些软实力。但是，由于硬实力直接、清晰，随着企业越做越大，官职越做越高，人们发现硬实力容易标识，且可以持续积累。于是大家就一起追逐硬实力。而软实力看不见、摸不着，往往就很容易被人忽略。然而，从长期来看，硬实力的寿命不长，领导人一旦退休或者死亡，硬实力随即烟消云散。而软实力往往有超越生命的影响力，最厉害的千百年后仍然有不可小觑的影响力。

从硬实力的角度来看，中国历史上无人能出秦始皇之右。然而，秦始皇嬴政虽然能用硬实力统一中国，用暴政威慑天下，但秦王朝的存在时间却只有14年。而汉朝的刘姓皇帝们将军事方面的硬实力和儒家思想的软实力结合起来，使汉朝存在了400多年。

为什么硬实力和软实力有如此大的区别？因为在由硬实力建立起来的组织中，领导者和下属在利益上存在根本区别，导致高昂的体系成本，高度的信息不对称和道德风险。信息不对称是因为在基层办事的下属会想尽办法掩盖自己在一线获取到的信息，而不会主动向上级及时汇报，从而保持自己的信息优势，并且，在权力结构过于垂直的体系中，汇报真实信息不见得会受到奖赏，反而往往会受到惩罚。道德风险是在信息不对称的情况下，基层下属会在任何事情上都把自己的私利放在第一位，通过偷懒、腐败等方式假公济私。组织越庞大，层级越多，这种组织的效率损失就越大。组织为了解决信息不对称和道德风险等问题，就不得不建立一套严密的监督体系和激励机制，但这套体系的建立和运行也都是有成本的，只能解决一部分问题。

反之，一个组织如果有很强大的软实力，信息不对称和道德风险等问题就会相对较小，体系的运转效率也会相对较高。

所以，培养软实力是发展领导力的关键。

第五章

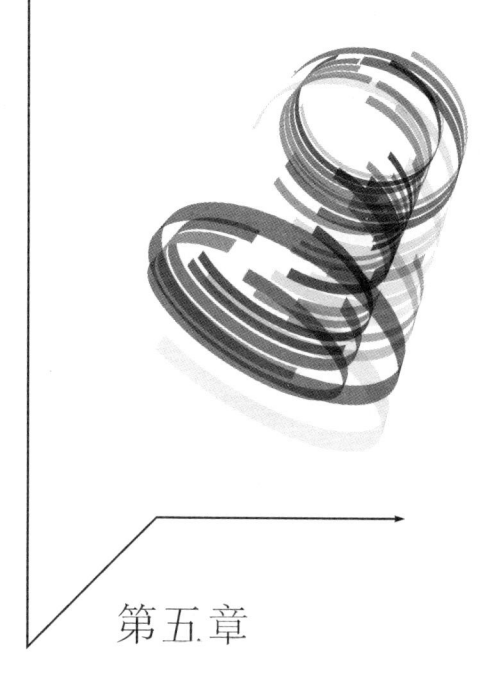

用结构性思维分析行业与投资机遇

理解产业的三维视角

> 没有任何一个产业是孤立存在的。如果我们把影响产业的系统性因素剔除,实际留下的东西不会很多。本文讨论如何以三维视角来甄别影响产业的框架性因素。

企业家做企业,一方面要把管理做好,另一方面要有把握大势、正确理解产业发展方向的判断能力。

没有管理的判断是投机,没有判断的管理是盲目。管理是企业的内功,需要长时间的打造和积累。对于相对成熟稳定的产业,除了产业地位,管理是企业在面对竞争时起决定性作用的因素。管理的核心是组织和文化,管理也是创始人世界观和格局的体现。没有智慧、没有耐性的企业家是做不好管理的。

对于处在变局中的行业,企业家需要准确判断产业发展的趋势。务实的企业家,眼光会向前看,目的是预测产业未来五年、十年,甚至更长时间的变化方向。同时，为了能够更好地向前看，企业家也需要通过向后看、上下看、左右看这三个维度，去理解产业发展的基本规律。向后看的是历史的动态发展；上下看的是驱动产业变化的宏观因素和趋势；左右看则是横向对比产业中的竞争对手，对标领先企业。

预测未来的核心是理解现在和过去，从历史数据中找到基本规律，剔除其中不可持续的东西，修改正在或将要逆转的部分，把可持续的架构延展到未来。因此，向后看必不可少。

历史数据是预测未来的基础。看历史不是要重复历史的细节或故事，而是要找到驱动历史演变的规律。"历史不会重复，但会押韵"，"韵"就是我们要找的基本规律。

左右看同样必不可少。每个产业里的企业，既有引领者，也有追随者。产业的整体发展就像蚯蚓向前爬行：头是产业的引领企业，身体是这些引领企业的上下游企业或处于行业第二梯队的竞争对手。只有找到引领企业，我们才能看出产业的发展方向。

左右看的另一层含义是拓展国际视野，学习国际经验。这一点对中国企业尤其重要。虽然因为文化、历史、体制的不同，中国在国际上有很强的独特性。但是由于是发展中国家，中国在很多方面正在经历着几十年前发达国家在同样发展阶段已经经历过的事情。因此，了解发达国家的历史、学习发达国家的经验，对理解当下中国的产业有很大帮助。

上下看是要找到驱动不同行业发展的宏观和系统性的因素。每个产业都有系统性和独特性。独特性是必然的，而系统性由于比较隐蔽，需要总结，所以往往会被忽略。比如消费领域，有文化娱乐、餐饮住宿、服装时尚、旅游、体育、黑白家电、汽车交通等，每个行业都有自己的特点和不同的规律。但总体看,要想理解消费行业,消费升级是一个重要概念,因为这是系统性的趋势。如果我们能把影响所有行业的系统性因素提炼出来、理解透,再回到每一个具体行业,剩下的东西就不多了,工作就变得简单了。

大致来说,系统性因素包括科学技术的发展,国家产业政策的调整,国际竞争与协作,国内经济结构、人口结构、文化结构的变化,等等。

科技是第一生产力,是系统性因素里最重要的组成部分。在工业革命之前的两千年里,人均经济产出基本不变,主要原因是科技没有重大进步。工业革命之后,人类财富的快速增长,缘于科技的加速进步。

科技有很多分支,数学、物理、化学、生物、医学、材料、电子、航空、航天等。每一种科技的进步,都可能对经济发展、社会进步起到重要作用。如果近距离审视每一个行业的发展,长期来看,大多数行业如果剔除科技进步,剩下的东西并不多。因此,要理解产业的发展,首先要理解科技。

在众多科技种类中,有两种技术非常独特,对经济产生了系统性影响:信息技术和能源技术。这两种技术之所以影响巨大,是因为企业的成本主要来自信息成本和能源成本。

过去半个世纪的信息技术革命,使信息的计算、存储、传输成本,以每年20%~30%的速度递减,从而催生出互联网、移动互联网、云计算、人工智能等等,几乎对所有行业都产生了深远影响。以至于有人说,互联网时代,所有行业都可以从头再做一遍。今天,信息技术革命仍在持续,而且还在加速。未来20年,大数据、人工智能仍将是驱动大部分行业发展的最重要因素。

能源成本是另一个重要因素。碳基能源的大规模应用是现代文明社会的基础。但碳基能源带来的副作用，也就是全球气候变暖，又是全人类可能面临的毁灭式的风险。因此，在全球范围内用可再生能源全面替代碳基能源，会直接对所有人和所有行业产生深远影响。

除了信息技术和能源技术，很多行业的发展还是由其独特的科技驱动的。基因技术驱动着现代农业、生物医药的发展；纳米技术驱动着新材料、新化工的发展；量子力学带来了量子通信、量子计算等等。每一次科技上的突破性进展，都可能推动诸多相关行业的迭代变化。可以预见的是：无论在西方还是在中国，新世纪的新一代企业家，很多将出自科学家、工程师群体。

科技之所以对产业的影响大，是因为科技对产业的影响是长期甚至是永久性的。相对来说，国家产业政策的调整对行业的影响更加直接，但国家产业政策的调整一般有时间周期，以五年到十年为单位。

改革开放40多年来，中国经历了数次重大的产业政策调整：从20世纪80年代初的包产到户、发展乡镇经济、对轻纺工业的支持，到20世纪90年代对基础工业的重视，到2000年后房地产的蓬勃发展、全面嵌入全球产业链、鼓励产业升级；再到最近十年去产能、调结构、经济双循环、全面聚焦科技和创新。每一次政策调整都造就了产业投资的大周期，催生了一批行业新锐，同时也淘汰了一批跟不上时代步伐的旧产能、旧企业。因此，读懂政府的政策方向，在中国是极其重要的事情。

除了国内政策的影响，全球性因素的影响也不能被忽略。中国改革开放以来取得的经济成就，从国际视角看，是通过加入以西方为主导的全球自由贸易体系实现的。

在这个体系中，显性的是货物和服务的自由流通，以及人口在一定限制下从发展中国家到发达国家的流动。隐性的则是资本的自由流动，以及技术在一定限制下从发达国家到发展中国家的流动。中国可能是过去40多年，在这个贸易体系中获益最大的国家，不仅获得了投资和巨大的国际市场，而且学习到了诸多的科技和管理方法。

近些年，逆全球化浪潮使我们不得不重新评估过去成功的模式是否仍然可持续。如果在技术和资本层面与西方脱钩，将对国内产业的格局产生根本性影响。正如前文所言，在全球一体化的背景下，产业发展就像蚯蚓向前爬行，虽然有引领者和追随者，但整体速度基本一致。而脱钩就相当于把蚯蚓从中斩断，一条变成两条，各走各的道路，因而充满了变数。

中国是发展中国家，目前正处在中等收入到高收入的临界点上，相较于发达国家，中国的经济结构、社会结构、文化结构是变化大于稳定。

从经济结构上看，中国一方面要进一步提高经济中的科技含量，实现产业升级，另一方面，经济增长模式需要从投资拉动逐渐转变为消费拉动。

从社会结构上看，由于人口出生率低，中国已经步入老龄化社会。这种变化对消费、储蓄、人力成本等方面都会产生重大影响，进而影响各行各业。

从文化结构上看，由于改革开放的巨大成就，中国文化正在经历最近一百年来的最大转变。这种转变的方向既不"新"也不"洋"，而是增强了自我认知，回归中国文化的传统。这种态度上的转变，在很大程度上影响了中国消费者对品牌的态度，推动了国货的兴起。

理解产业并不是一件简单的事情。希望本文论述的三个视角可以帮助读者建立起一个分析框架。借助这个分析框架，分析工作可以大大简化，我们就可以把注意力放到具体事务的层面。

为什么说中国房地产有两个泡沫，而原因只有一个[①]

> 中国的房地产泡沫实际有两个，其中住宅地产价格过高是正向的泡沫，而工业地产价格过低是负向的泡沫。正负两个泡沫的起因都是地方政府为了招商引资、发展经济而采取的土地财政政策，并非老百姓和开发商的投资和投机行为。

房地产业的监管逻辑

房地产业在我国占有非常独特的重要地位。一般认为，房地产及其上下游产业占据了 GDP 的 30% 左右，房地产业是对中国经济有系统性影响

[①] 本文与陈宏亚研究员合著，于 2022 年 6 月 6 日发表在《经济观察报》。

的行业。房地产业在我国重要其实并不奇怪，完全属于经济和社会发展的正常现象。对房地产业的需求主要来自两方面：城镇化和消费升级。

所谓城镇化就是人口从农村转移到城市，从农业转移到工业、服务业的过程，在这个过程中，房地产业需要为大量进城工作的人员提供稳定的居所，为商业服务业提供经营场所。我国的城镇化速度很快，从1995年到2021年，城镇化率从29%提高到65%，只用了26年。相比之下，欧美国家花费的时间更长，美国将城镇化率从29%提高到64%用了70年，法国从26%到65%用了73年，德国从28%到68%用了60年[1]。快速城镇化意味着需要大量的房地产投资。今后的一二十年，城镇化仍然是我国经济发展的一个重要抓手。如果我们在将来的十年把城镇化率再提高10个百分点，就意味着有1.4亿人要进城生活，需要约50亿平方米的城镇住房。

在房产方面的消费升级是对房地产业的另一个巨大的需求。随着经济的增长，人民收入水平的提高，对更好更大居所的需求是刚需中的刚需。从1995年至2020年，城镇人均住宅建筑面积从16平方米提高至40平方米，平均每年每人增加1平方米。假设相对保守地估计公摊面积占20%，我国城镇人均实际居住面积是32平方米，还有一定的上升空间。我国的人口密度是每平方公里148人；日本人口密度约为348（人/平方公里），但人均居住面积是35平方米；韩国人口密度更高，为528（人/平方公里），人均居住面积是34平方米；德国人口密度为237（人/平方公里），人均居住面积是43平方米；新加坡的人口密度达到了每平方公里7916人，但人

---

[1] 中国城镇化率数据来自CEIC，欧美发达国家长期城镇化率数据来自Our World in Data。该数据库是全球变化数据实验室（Global Change Data Lab）的一个项目：https://ourworldindata.org/grapher/urbanization-last-500-years。

均居住面积却是 38 平方米①。我国也许永远不可能达到美国人均居住面积 70 平方米的水平,但超过新加坡达到德国的水平应该是合理的。那么,将来如果把人均住房面积再提升 10 平方米,全国就需要约 140 亿平方米的城镇住房。

所以说,在快速城镇化、消费升级的情况下,房地产业的需求不是问题。问题出在价格上。上海易居房地产研究院估算了全国 50 城房价收入比,2020 年,50 城房价收入比的均值为 13.4,其中,一线城市的房价收入比为 26.6,强二线城市、弱二线城市与三、四线城市的房价收入比较为接近,约为 12。2021 年,美国已售房屋平均销售价格与家庭收入中位数的比值为 7.4,高于其在 2008 年金融危机前的水平(6.4)②。

过高的房价不仅拉大贫富差距,对经济的进一步发展也有诸多坏处。比如,高房价会对进一步城镇化形成阻碍,让想进城工作的人因为高房价望而却步;高房价也因为对消费的挤出效应降低了中低收入人群的消费能力,不利于国家发展内需,形成双循环格局;最后,由于房地产是重资产,无论在生产端还是购买端都会动用大量的杠杆,所以高房价必然带来高杠杆、高债务,从而带来金融危机的隐患。

为什么我国城镇的房价这么高?原因比较复杂。究其根本是供给和需求失衡。相对次要的因素是老百姓的投资和投机行为。根据中国人民银行

---

① 人口密度数据来自世界银行(World Bank),韩国人均居住面积数据来自 Statista 数据库;日本和德国的人均居住面积数据来自 Shrink That Footprint:https://shrinkthatfootprint.com/how-big-is-a-house/;新加坡人均居住面积数据来自新加坡统计局。

② 美国房价收入比数据来自:https://www.longtermtrends.net/home-price-median-annual-income-ratio/.

发布的《2019年中国城镇居民家庭资产负债情况调查》，住房是中国家庭资产最重要的组成部分，在家庭总资产中占比约60%。近年来，随着房价的快速上涨，对房地产的投资和投机已经变成老百姓迅速致富的一个重要手段。为了遏制房价的快速上涨，监管层坚持"房住不炒"的定位，针对的就是这种投资和投机行为。在过去十多年间，监管政策主要在需求端发力，通过限购、限贷等政策给终端消费降温。

房地产公司的角色

打击投机行为的另外一个目标是房地产公司。政府相关部门制定了针对房地产业的"三条红线"：一方面是试图限制房地产公司过高的负债率，以杜绝金融隐患；另一方面则可能认为这个行业利润巨大，所以不断吸引资本涌入推高了房价。

我们通过数据分析发现房地产公司的回报率并不高。从2005年至2020年，在A股或港股上市的房地产公司，平均净利润率只有10%，平均净资产收益率（ROE）为11%，平均投资资本回报率（ROIC）只有6%[①]。这些数据指标虽然不算差，但远称不上是暴利。从6%的ROIC上升到11%的ROE靠的是杠杆，包括经营性杠杆（预售款、供应商应付款），也包括财务性杠杆（银行借贷、公司债、信托债等等）。所以，如果没有杠杆，房地产公司的投资资本回报率比银行的基础信贷利率高不了多

---

① 房地产上市公司报表数据来自Wind数据库，具体指标是笔者根据报表数据计算而得。

少。为什么净利润率是10%，但投资资本回报率只有6%？这是因为房地产公司的平均资本周转率只有45%，即一套住宅从投资建设到销售完成差不多需要两年时间。

那么，如果房地产公司在一个项目里只能赚销售收入的10%，其余的钱都去哪里了？我们发现，其中约40%是土地出让费用，14%是各种税费，建筑成本占30%，员工薪酬占4%，财务费用占2%左右[①]。

房地产公司10%的净利润率从哪里来？一方面来自房地产公司基于经验和能力来做的服务：理念、规划、设计、整合资源都是比较专业的事情。另一方面来自土地价格的上涨。在过去15年，我国土地出让价格平均每年上升10%，房地产公司如果光囤地而不盖房就可以获得不错的回报率。根据国家统计局公布的数据，从2000年到2011年，全国房地产开发企业总共购置土地面积42亿平方米，同期累计竣工房屋面积65亿平方米，参照全国100个大中城市住宅类用地的平均容积率，假设容积率为2.5，那么这段时间全国房地产开发企业购置的土地面积超过完工的土地面积达16亿平方米。为了抑制房地产公司囤地，2012年，国土资源部（现自然资源部）发布《闲置土地处置办法》，规定未动工开发满1年的，按照土地

---

① 这部分数据通过估算而得，具体方法如下：1999年至2021年，我国历年土地出让收入占全国商品房销售额的比重平均约为40%，房地产公司的营业收入主要来自商品房销售，由此可以合理推断，房地产公司的土地购置成本占营业收入的比重约为40%。接下来拆解我国房地产上市公司财务报表，发现：上市公司缴纳的营业税金及附加和所得税，占营业收入的比重约为14%，这样，房地产公司的营业收入中约有54%分别以土地购置费和税收的形式上缴国家；房地产上市公司的营业成本占营业收入的比重约为70%，其中40%属于土地购置费，剩余的30%就是建筑成本；同样，4%的员工薪酬和2%的财务费用、10%的净利率也是通过报表分析获得。历年土地出让收入、全国商品房销售额、房地产上市公司数据都来自Wind数据库。

出让或者划拨价款的20%征缴土地闲置费；未动工开发满2年的，无偿收回国有建设用地使用权。自此以后，房地产公司的囤地行为大大减少：2012年至2020年，房地产开发企业总共购置了26亿平方米的土地面积，同期完工的土地面积约为36亿平方米，完工面积超过购置面积10亿平方米。由此可以看出，2012年出台的法规有效抑制了房地产公司的囤地行为。

通过以上讨论，我们不难得出一个结论：房地产公司的商业模式已经从早期的投机＋服务转变为以服务（盖房子）为主。商品房的市场定价由整体的供需关系决定，需求来自城镇化和消费升级，供给是新房加上二手房，其中二手房的存量远远大于新房的数量，所以房地产公司即使是想炒地赚钱，其实也没有这个能力。这一点和股市非常相似，即使金融机构炒作股价，上升的股价必然带动所有上市公司的市值上升，所以真正能使股价高企或者低落的原因一定是结构性的，换句话说，股价是由整个资本市场的供需关系所决定的。

中国地产的两个泡沫

那么我国地产的结构性问题出在哪里？我们必须把眼光落到土地的供给和需求上。前面解释过，新房大约54%的成本来自土地出让金和与土地相关的税费。而二手房的升值则完全取决于土地的升值，因为土地上的建筑是消耗品，不能升值，只能折旧。所以，从整体来看，高昂的住房价格主要源于高昂的土地价格（包括税费）。而土地价格居高不下是因为供给和需求的失衡，需求量大，但供给少。如果供给和需求的失衡是永久性的，那不是问题，比如一线城市的房子比二线城市的贵，现在是这样，以后也是一样。但如果这种失衡是人为的，或是不可持续的，那就是产生了泡沫。

有人可能认为，中国虽然国土面积大，但人口众多，又要维持18亿亩耕地红线，所以人均土地供给一定是非常有限的，住宅用地一定会非常紧张。但一个被大多数人所忽略的事实是，日本、韩国、新加坡、德国等国家的人口密度都远远大于我国，但这些国家却拥有更大的人均居住面积。那么，中国的土地都去哪里了？

问题出在住宅用地和工业用地的分配上。根据全国100个大中城市的用地情况，从2008年至2021年，工业类用地面积占比基本保持在50%左右，住宅类用地平均只有37%。然而，随着人均收入水平的不断提高，我国工业用地价格不但不上涨，还在下跌。从2008年至2021年，100个大中城市工业用地的挂牌均价从305.5元/平方米下滑至281.7元/平方米，年均下降0.6%；而住宅类用地的挂牌均价则从884.4元/平方米上涨至4835.9元/平方米，年均上涨14%[1]。如果与日本进行对比，我们就能更深刻地理解我国土地政策的独特性。根据日本国土交通省提供的数据，从1997年至2021年，日本用于住宅的建筑面积占比约为60%，用于工厂、仓库的建筑面积占比约为12%；从1975年至2021年，日本全国工业用地价格与住宅用地价格比基本稳定在50%左右，而我国这个比率目前是5%。

所以说，我国地产实际有两个泡沫。一个泡沫是正向的，是价格昂贵

---

[1] 全国100个大中城市的用地面积和价格数据来自Wind数据库。

的住宅用地；一个是负向的，是价格极其低廉的工业用地。之所以说是泡沫，是因为两种价格一个过高，一个过低，都不可持续。

土地财政与地方政府的收入结构

是什么原因导致了我国地产的两个泡沫？其原因是结构性的，简单地讲，泡沫并非来自消费者对房产的投机行为，而是来自中央政府和地方政府的分税制度，以及地方政府在经济发展中的核心作用。

自20世纪80年代以来，中央政府和地方政府在我国的经济建设中有清晰的分工，中央管规划和调控，地方管落地和实施。从1980年至2020年，地方政府在全国一般公共预算支出中的比重从46%提高至86%，而在全国一般公共预算收入中的比重则从76%下降至55%[①]。收入和支出的缺口主要通过中央补贴、债务融资和土地财政来弥补。自1994年开始实施的分税制改革为日后的土地财政埋下了重要伏笔：中央政府将所有与土地有关的税收，包括城镇土地使用税、耕地占用税、土地增值税、契税、房产税，全部划归给了地方政府。更为重要的是，中央政府将当时金额还很少的土地出让收入，也全部划给了地方政府。

这样的制度设计让地方政府有很强的动力来扩大土地收入。2000年，土地出让收入仅占地方财政总收入的6%，2020年这一比重已经提高至42%，如果再算上其他与土地相关的税收，地方政府财政收入中有一半以

---

① 政府财政收支数据来自CEIC数据库。

结构性思维：解决复杂问题的方法论

上（52%）来自土地①。

　　土地财政为什么会导致两个泡沫？首先，土地所有权归属于国家，除国家机关用地、军事用地、公共基础设施用地外，地方政府在很大程度上能够决定建设用地在工矿仓储、商业服务和住宅用途之间的分配比例，即三种建设用地的供给量。虽然土地价格由市场来定，但地方政府可以通过增加或减少某种土地的供给来影响最终价格。招商引资是地方政府发展地方经济的重要方式。而为了成功地把企业引入当地，地方政府的一个主要手段是提供税收和其他方面的优惠。其中，土地是最重要的资源，提供廉价的工业用地就成了地方政府招商引资的标配。工业用地的价格在经济高速发展的过程中居然逐年下降，说明招商引资的难度越来越大。

　　地方政府用超低的工业地价来招商引资，商用和住宅用地必然就会减少。而招商引资带来的新企业的进驻，产生新的就业机会，吸引更多的外来人口流入。这样，一方面，住宅用地的供给受到制约，另一方面，对住宅的需求快速增加，住宅用地的价格自然就会上升。而住宅用地价格的上升能让地方政府获得更多的土地出让收入，用以弥补在招商引资过程中给企业的补贴成本。

　　所以土地财政的经济逻辑在短期内是闭环的，投资和融资是相辅相成的。但这种逻辑也是脆弱的。一方面，靠招商引资这种外力推动的发展是有尽头的，城市发展到了一定程度必然不可能靠到别的国家或地区去挖企业，而是需要自身的有机发展。另一方面，土地财政的发展必然导致工业

---

　　① 土地出让收入来自 Wind 数据库，政府税收数据来自 CEIC 数据库。

用地价格和住宅用地价格的剪刀差越来越大，直到住宅用地的价格涨到老百姓无法容忍的程度，带来诸多社会问题。

从土地财政中走出来是稳地价的唯一出路

通过前面的分析，我们发现要稳房价，就必须解决土地供给的结构性问题，改革土地财政就成了关键中的关键。但改革土地财政实际就是要从根本上改变地方政府的融资方式和投资方式，因此，这是一个非常复杂的结构性问题。

在不改革土地财政的情况下，如果要控制地产泡沫，就只能通过限购、限贷，甚至限价等行政手段。但行政手段并不能从根本上解决土地供需关系的不平衡问题。限购使有能力的消费者不能满足其消费需求，也使其不能对总需求做出贡献；限贷使投资收益很好的项目得不到开发，失去了为经济发展做贡献的机会；限价必然催生灰色市场，市场会用各种变通的方式改变交易的实际价格，重新达到供需平衡。

从国家整体层面来看，靠土地和财政的优惠政策招商引资只有在大量外资流入的情况下才是整体有益的。而不同城市在招商引资上的竞争，从全国层面来看，都是零和博弈，净作用仅仅是降低了企业的投资成本，增大了产能，但羊毛出在羊身上，这些给企业的优惠政策最后都要由付高房价的老百姓来买单。此外，产能过剩、消费不足是中国经济中最难解决的核心问题。在改革开放的初期和中期，招商引资为我国吸引了大量外企，带动了经济的腾飞。但在我国经济体量从大型转为超大型、国际局势日益复杂的情况下，继续用优惠条件吸引外资这条路走不了太远，剩下的就仅仅是本土城市之间的零和博弈。

如何减少这种零和博弈？我们有两点建议。

第一，规定地方政府为招商引资所能提供的最高补贴率。我国地方政府招商引资的方式非常类似于国际上通过低税率吸引外资的做法。在过去几十年中，一些小的国家为了吸引外资入驻，给予企业非常低廉的直接税税率，对于资本流出国来说，不但流失了就业机会，也失去了税源，政府财政压力陡增。针对这个问题，OECD（经济合作与发展组织）成员国在2021年达成了一项协议，将全球企业最低税率设置在15％：各国仍然有权设定本国的税率，但是，如果跨国公司在该国的税率低于15％，那么跨国公司的母国有权将公司的税收补足至最低15％。我国可以参照OECD成员国的做法，为地方政府税收优惠政策设置一个限额，由此来限制地方政府间的零和博弈。

第二，重新梳理中央政府和地方政府在财政收入上的分享关系，降低地方政府以住宅用地补贴工业用地的动机和能力。一方面，可以考虑让中央政府和地方政府共享土地收入，降低地方政府实施土地财政的动机。另一方面，可以考虑将流转税、企业所得税、个人所得税等税种在更大的程度上分给地方政府。这样做的好处是，既可以补充地方政府税源，又可以将地方政府的注意力从投资转向运营，使地方政府能够通过做好服务、办好民生等方式促进经济的可持续发展。

芯片产业的经济逻辑

本文与刘振东、段磊合著。芯片产业是个非常独特的产业，也是现代高技术产业的基础。正是由于它的基础性和重要性，世界主要国家都把发展芯片产业作为立国之本。本文梳理了芯片产业的产业链并总结了其中的经济逻辑。

芯片是电子信息产业发展的基石

在众多的现代科技中，芯片①占有独特的地位，既是信息处理和计算的基础，也是高科技的核心。从电脑、智能手机到汽车、飞机、火箭、卫

---

① 芯片是集成电路的载体，也是半导体元件产品的统称。

星，诸多科技产品离开了芯片就无法正常工作。芯片产业既影响着每个人的日常生活，又深刻地影响着一个国家的科技竞争力和国家安全，因此它是关系国计民生的基础性、战略性产业。

全球芯片产业在过去三十多年保持了高速发展，年均增速近10%，2021年全球市场规模约为5600亿美元。芯片产业在全球经济体量中的直接占比并不高（约占全球GDP的0.5%）[1]，但其对经济的影响力却要大得多，一个直观的例子是近两年很多汽车厂商因为"缺芯"而不得不限产，从而造成了巨大的经济损失；另一个例子是华为因为无法继续使用最先进制程的芯片，其手机业务的竞争力大受影响。

芯片在各行各业的应用非常广泛，计算机、通信、消费电子、汽车是最主要的几个下游产业，下游需求结构在过去二十多年发生了显著的变化：1998年时，来自计算机产业的芯片需求占比超过一半，如今来自计算机产业的芯片需求占比下降至三成左右；通信领域一度是最主要的需求增长来源，但在过去十年，来自通信领域的芯片需求占比基本稳定在三成左右；汽车产业是值得重点关注的下游应用领域：来自汽车产业的芯片需求占比从1998年的4.7%提高到了2021年的12.4%[2]。而随着汽车产业的智能化和电动化发展，可以预见在未来相当长的一段时间内，汽车产业对芯片的需求会保持强劲的增长势头。

---

[1] 数据来自WSTS（World Semiconductor Trade Statistics）。
[2] 同上注。

芯片产业是一个大生态：设计百花齐放，制造和封测外包

由于应用场景多样，芯片产业的一个特点是产品种类繁多，包括 CPU、GPU、FPGA、MCU 和 DRAM 等众多不同类型的芯片。但我们大致可以把芯片分为数字芯片和模拟芯片两大类：数字芯片主要包括存储器、处理器和数字逻辑芯片等；模拟芯片主要包含电源管理类、信号链类和射频类芯片等。其中，存储器和数字逻辑芯片都是超过 1500 亿美元规模的细分市场，包含着很多不同的芯片产品。

芯片的生产过程主要包括三个环节：设计、制造、封测。此外，芯片的发展离不开重要的支撑产业，包括提供芯片设计工具的 EDA 软件行业，以及为芯片制造和封测提供不可或缺支撑的芯片设备行业和材料行业。

在芯片整个产业链中，设计是创新需求最高、变化最快、附加值最高的环节，占据了产业链条中超过一半的附加值（53%），远高于制造（24%）、封测（6%）和设备（11%）等。英伟达、高通等国际巨头都是芯片设计企业，并不直接参与芯片的生产。正是由于大量的经济价值来自设计，在全球化的大前提下，芯片产业在发展的过程中，领先企业往往有巨大的动力把产业中其他附加值较低的环节外包出去，从而培育了一个巨大的、全球性的生态体系。而这种生态体系的形成，又反过来让每家芯片公司能把精力集中到自己的专长上。比如，在全球市值最高的 18 家芯片产业链企业中，只有 6 家是以设计与制造一体为主要发展模式的公司，6 家是纯设计公司，4 家设备和材料公司，2 家代工厂。生态体系的形成、设

计和制造的分工使芯片设计领域的进入门槛降低，很多小型化的芯片设计公司也可以寻得很大的生存空间，从而进一步丰富芯片产业的生态。

制造与封测的外包是芯片产业的基础架构

芯片制造大致可以分为三个部分，分别是前端单晶硅片的制造、从硅片到晶圆的前道工艺和晶圆切割封装测试的后道工艺。我们通常说的芯片制造/代工企业，指的是在产业链中主要承担前道晶圆制造的企业，这部分也是整个制造链条中最精密复杂、技术和资本最为密集的领域。

英特尔、德州仪器等芯片企业既从事芯片的研发设计，又通过自有工厂进行晶圆制造，这种模式被称为垂直制造模式（IDM），是芯片产业早期发展的主流模式。但随着产业分工的发展，以台积电为代表的晶圆代工厂为纯芯片设计企业提供制造服务的模式在芯片制造领域的影响力越来越大，成为芯片制造的主流模式。

在晶圆代工领域，台积电现在约占全球晶圆代工市场52%的份额，此外，联电、力晶等代工厂，与台积电合计约占全球64%的市场份额。韩国在晶圆代工市场也占有重要地位，三星市占率约为18%（代工份额，不包括IDM部分），是全球第二大晶圆代工企业。美国也有部分领先企业，但整体份额较小。中芯国际是中国大陆规模大、技术先进的晶圆代工企业，全球市占率约为5%。[①]

市占率并没有充分反映台积电巨大的领先优势，芯片的制程是衡量芯

---

① 数据来自 Trend Force 数据库。

片先进性的重要标准,制程越小,芯片性能越高,制造难度也越大,企业能获得的超额收益也更高。从不同制程的市场格局来看,台积电在制程越先进的领域,市场份额越高。10nm[①]以下的尖端制程领域,台积电更是占据了近90%的市场份额。事实上在最先进的5nm制程领域,目前仅有台积电和三星有能力实现量产。

与行业领先企业相比,中芯国际在制程方面还有较大的提升空间。根据公司披露的数据,中芯国际虽然技术上突破了14nm,但产品出货量占比还非常低。公司的主要收入和利润均来自成熟制程。

为什么台积电在晶圆代工领域的领先优势这么大?这与晶圆制造高固定成本、低边际成本的特征有关。晶圆厂的投建成本极高,以典型的月产能1万片的28nm晶圆厂为例,资本开支高达12亿美元;而随着制程越来越先进,所需的投入越来越大,5nm制程的资本开支要增长到42亿美元。晶圆厂资本开支的大部分(约80%)用于购买设备,一方面,晶圆制造流程复杂,需要大量精密复杂的设备;另一方面,随着制程越来越先进,很多设备也变得更加先进、精密和昂贵,例如一台EUV光刻机就需要约1.5亿美元,这是2000年时产线上DUV光刻机价格的十几倍。越来越高的投资门槛令行业逐渐变成巨头间的竞争。

高昂的资本开支对芯片制造的成本结构影响巨大,台积电的成本中有近一半为折旧和摊销费用,直接人力成本和原料成本分别只占3%和6%左右。所以大型晶圆厂制造芯片的边际成本很低,规模效应很强。

此外,晶圆制造对研发人才的需求很大。台积电一直保持较高的技

---

① 纳米,长度度量单位。

结构性思维：解决复杂问题的方法论

术研发投入，2021年的研发支出约为45亿美元（是中芯国际的7.4倍），其发展壮大也得益于创始团队深厚的技术背景以及高质量的工程师群体。

晶圆代工行业还有一个显著特点，就是制造流程极其复杂，而且制程越先进，工艺越繁杂，对精密制造的能力要求也越高，例如65nm的晶圆制造大概需要900道工艺，而10nm的晶圆制造则需要多达3300道工艺。我们可以简单测算一下，如果每一道工艺的良品率是99.9%，900道工艺下来最终良品率仅有40%，同样的良品率到了10nm，3300道工艺下来最终良品率就只有3.7%。可见晶圆生产对于精密制造品质的要求有多高，晶圆制造行业的追赶和提升有多难也可窥见一斑。

总的来看，晶圆制造行业的壁垒非常高，需要大量的资本投入，需要优秀的人才，且工艺流程非常复杂，需要生态的支持和长期的制造经验积累。行业具有极强的规模效应，这也是为什么在全球范围内，晶圆制造越来越集中，头部企业优势显著。

完成晶圆制造后需要对生产出的裸片进行封装测试，封测可以说是国内芯片产业链中发展最成熟的领域，国内公司在全球十大封测公司中占据三席，其中长电科技更是全球第三大封测企业，目前市占率约为14.1%。除中国外，马来西亚、新加坡等国家的企业也在封测行业中占据一定的市场份额。

封测行业的全球产业分布之所以与晶圆制造行业有很大不同，是因为封测行业有着不同的技术和商业特征：封测行业具有附加值较低、进入门槛较低和劳动密集的特点。

封测是芯片产业链中附加值较少的环节，只占了6%的产业链附加值，远低于晶圆制造环节的 24%。从赚钱能力的角度，芯片设计企业的代表高通和制造企业台积电的多年平均毛利率都超过 50%，而封测龙头日月光、长电科技等企业的毛利率都不到 20%。从成本结构来看，长电科技材料成本占 68%，直接人工成本占 12%，都远高于典型的晶圆代工企业。

进一步探究封测行业进入门槛较低的原因，会发现这和封测技术路线并不遵循摩尔定律有关，封测技术的迭代发展速度远低于晶圆制造环节的技术进步速度，这不仅使得这一领域的后发者的追赶难度没那么大，同时也让竞争更加激烈，头部企业也无法获得台积电式的议价能力。

但随着芯片制程工艺不断提升，摩尔定律逼近极限，从制程工艺提升中获得芯片性能提升的难度和成本越来越高。这令 3D 封装等前沿封装技术成为提升复杂芯片性能的重要途径，封测行业未来有可能会往技术密集的方向转变。

芯片设计：技术密集、研发驱动、网络效应

芯片设计是技术密集型的。芯片产业整体研发支出占销售收入的比例高达 22%，高于同样属于技术密集型的生物医药（21%）和计算机软件（14%）产业，是研发收入比例最高的产业；而设计环节又占据了整个芯片产业研发支出的 55%，是技术含量最高的细分领域，对创新、研发能力以及提供这种能力的高端专业人才的依赖很大。

结构性思维：解决复杂问题的方法论

美国是芯片设计领域的霸主，在 Fabless① 细分市场占据 68% 的市场份额，在 IDM 领域也占据 47% 的市场份额；而中国分别仅占 9% 和不到 1% 的市场份额。华为海思是国内芯片设计的龙头企业，2019 年收入一度高达 126 亿美元，在全球半导体厂商中营收排名第 14 位；但因美国的制裁，2021 年收入锐减至 15 亿美元。

美国在芯片设计领域的强大实力，一方面来自美国社会强大的创新能力，另一方面也来自先发者的深厚积累——美国是芯片产业的发源地。这种积累不仅体现在技术和经验上，也体现在对知识产权和底层架构的掌握上。

以芯片中最精密复杂的 CPU 为例，CPU 设计需要计算机指令作为底层基础。指令规定了 CPU 可执行的操作，一套指令的集合形成了指令集架构。指令集定义了 CPU 工作的底层规则。X86 和 ARM 是目前两大主流指令集架构，分别在 PC 端和移动端占据垄断地位。操作系统、应用软件以及各种硬件的驱动程序都是建立在对应的底层处理器架构之上的，上层的应用与底层的架构形成了深度捆绑、互相依存的生态关系，如英特尔及微软构建的 Wintel 联盟生态非常完善，相关的应用、配套软件、软件开发工具等具有极高的兼容性，使 X86 在 PC 领域形成了难以被轻易超越的优势。而 ARM 架构则凭借其低功耗的特点在移动端取得很大的优势，华为的麒麟芯片性能领先，但底层采用的还是 ARM 架构。过去国产 CPU 的设计几乎都离不开国外厂商的指令集授权。

---

① fabrication（制造）和 less（无、没有）的组合，指"没有制造业务，只专注于设计"的芯片设计模式，也用来指代未拥有芯片制造工厂的 IC 设计公司，通常说的 IC design house（IC 设计公司）即为 Fabless。

这些底层架构依靠完善的生态具有很强的网络效应，新的架构很难与其竞争。但在现今的国际局势下，我们又必须减少对这些底层架构的依赖。在这种局面下，我们应该对 RISC-V① 这类开源架构给予足够的重视，因为其提供了一种绕开既有的被控制的芯片底层规则的可能性。

此外，在芯片设计领域，还有一个必要的支撑工具——EDA 软件。美国企业 Cadence、Synopsys 和 Mentor Graphics 是 EDA 软件三大龙头企业，全球市占率超过 60%，几乎垄断了市场。也就是说，国内芯片设计公司必须依赖美国的设计软件。在美国对一些中国企业发起制裁的背景下，EDA 软件领域的国产替代也是大家关注的重点。虽然国内 EDA 企业现在在一些点上有突破，但整体与全球顶尖企业仍相距甚远。

为什么 EDA 软件的壁垒这么高呢？首先，EDA 开发本身具有很高的技术门槛，EDA 软件涉及计算机、数学、物理以及芯片设计制造等多个领域，需要进行长时间的研发投入、人才培养和专利积累，头部公司的研发支出比例甚至高达 40%。其次，EDA 的技术开发和销售依托于制造、设计、EDA 三方形成的生态圈，比如 EDA 企业需要借助晶圆厂积累的大量测试数据。领先企业通过与上下游企业的长期合作，形成了较高的生态壁垒。

总的来说，一方面，设计的竞争是性能之争，需要大量的创新和高端人才；另一方面，设计层面的竞争受网络效应的影响：无论是底层的指令集架构、IP 核，还是在 EDA 软件领域，网络效应都是领先者的护城河，

---

① RISC-V 是一个基于精简指令集（RISC）原则的开源指令集架构（ISA）。与大多数指令集相比，RISC-V 指令集可以自由地用于任何目的，允许任何人设计、制造和销售 RISC-V 芯片和软件。

令追赶者很难弯道超车。对于国内企业来说，可能的机会在于新的需求场景下催生出的新生态，这既包括 RISC-V 这类开源架构带来的潜在新生态，也包括 AI 等领域发展带来的潜在新生态。

芯片产业链中容易被忽略的部分：材料与设备

芯片生产流程复杂、工序繁多，需要大量的生产设备及材料。半导体设备主要用于芯片制造和封测两个环节，其中制造环节设备占比约为 70％。在制造设备中，最重要的三大设备是光刻机、刻蚀机和薄膜沉积设备，市场占比分别约为 30％、25％和 25％；涂胶显影、清洗、过程控制等其他设备合计占 20％。

全球半导体设备市场主要被美国和日本垄断。以三大制造设备为例，作为光刻机龙头的荷兰企业阿斯麦占 75％的市场份额，且在高端 EUV 光刻机领域一家垄断（阿斯麦的前两大股东均为美国企业，合计持股 23.8％），第二和第三分别是日本的尼康和佳能；刻蚀机领域的龙头是美国的泛林集团、应用材料（Applied Materials）和日本的东京电子，合计占 91％的市场份额；薄膜沉积设备同样由美国和日本厂商主导。

我国半导体制造设备整体自给率比较低，技术门槛相对较低的研磨抛光、清洗、去胶等设备，国产化率能达到 30％以上，刻蚀、热处理等设备国产化率也能保持在 20％左右，但光刻、涂胶显影等尖端设备，国产化率均在 5％以下。以光刻机为例，我国最领先的上海微电子目前可以生产 90/65nm 制造工艺的光刻机，与阿斯麦 5nm 工艺大概有 10 年的差距。即便在封测环节我国企业能占全球 20％的市场份额，关键设备也大多依赖进口，封测设备整体国产化率在10％左右。

对于国内厂商而言，实现尖端半导体设备的完全自主化是很困难的，设备作为全球半导体生态的一部分，是全球各国最顶尖科技的集合。以光刻机为例，阿斯麦光刻机的光源、控制软件来自美国，镜头和精密加工平台来自德国，复合材料来自日本。一台光刻机的零件超过10万个，其供应链生态依赖全球发达国家的尖端科技。

除了设备以外，半导体生产还会用到大量的材料。与设备类似，半导体材料细分领域众多。在制造材料中，硅片占比最大（约33％），其次是气体和光刻胶及配套试剂；在封装材料中，封装基板占比最大（约40％）。

日本是全球半导体材料的龙头，在硅片领域，日本企业信越和胜高几乎垄断大尺寸硅片市场，占据全球份额的60％左右；在光刻胶领域，日本厂商在全球前五大光刻胶企业中占四席，占据了70％的市场份额；在其他关键材料领域，日本也有绝对领先优势。日本厂商在全球半导体材料市场占有的综合份额高达52％，生产半导体必备的19种材料都离不开日本企业。国内半导体材料的自给率整体不高，其中光刻胶、电子特气国产化率不足5％，仅封测所需的引线框架、基板等门槛较低的材料能基本实现国产替代。

半导体设备、材料可看成制造的一部分。设备和材料两者也具有一些共性：细分品类众多，单一市场的规模不一定很大，但对整个产业生态有不可缺少的支撑作用。也正因此，半导体设备和材料往往会成为国家间博弈的筹码。2019年，日本就因历史遗留问题上的争端限制向韩国出口光刻胶等三种重要的半导体材料，这一举措让包括三星在内的韩国半导体企业遭受沉重打击。中国芯片产业也面临同样的风险，在如此复杂的设备、材料供应链格局下，几种设备、材料的不稳定性因素出现，就可能使得整个产业的发展遇阻。

中国的难题与机会

结合对芯片核心产业链（设计、制造、封测）和支撑产业链（软件、设备、材料）的梳理，我们可以发现芯片产业是一个很大的生态系统，这个生态系统经过数十年的发展，形成了复杂交错、分工细致的全球化产业体系。其中美国是目前生态的核心，日本可能占据着仅次于美国的生态地位，欧洲国家、韩国也都扮演着相当重要的角色，而中国是全球最大的市场和众多细分领域的后起之秀。

我国的芯片产业与全球先进水平相比仍有非常大的差距，产业链各环节的自给率很低。我国有巨大的市场需求，2021年芯片的消费量占全球的60%，但对外依赖度很高，2021年芯片进口额高达4000多亿美元（其中有一半以产成品的形式再出口），是进口额最高的商品品类。在此背景下，中国一直在大力发展芯片产业，力图在尖端科技领域实现全面突破和产业自主。同时，中国也拥有发展该产业的关键要素：巨大的市场规模、大量的资本投入和众多的产业人才。在国际环境较好的情况下，实现产业的快速追赶是可期的。

芯片作为一个国家高端科技实力的重要体现和关乎国计民生的战略性产业，是全球高科技国力竞争的战略必争制高点。包括美国、日韩在内的发达国家，也在大力发展芯片，且发达国家在人才、创新体制、市场和资金方面都有很大优势，具备发展芯片的优良土壤。对这些国家而言，中国在芯片领域的发展战略和实际突破构成了一种威胁，于是以美国为首的西方国家便形成了运用政治手段遏制中国技术进步的总体方针，具体的战术包括：在高端领域技术禁运，如停止 EDA 软件对中国企业的授权、限制高端光刻机的出口等；在低端领域通过产业优势进行价格战；此外还在各自国内颁布芯片法案，加大科研投入和政府补贴，以弥补产业短板，推动芯片制造产业的回流。

在全球芯片产业竞争加剧，中国芯片被"卡脖子"的背景下，中国芯片产业的发展实际不容乐观。芯片制造遵循木桶原理，最短的木板就是瓶颈所在，通过梳理芯片制造需要的核心设备的国产能力，我们发现光刻机是最大短板，国内最领先的上海微电子光刻机目前仅能实现 90/65nm 的生产，与全球领先水平至少存在 10 年差距。

虽然在短期内实现尖端制程的自主突破十分困难，但国内产业发展还是有两个关键的机遇。一个是在成熟制程领域的发展：不是所有的下游应用都需要最先进的制程，比如汽车领域的大部分芯片都可以由成熟制程满足。以台积电为例，成熟制程芯片在其整体收入中占 50％左右。随着下游应用领域的不断丰富以及成熟制程芯片市场规模的增长，国内芯片产业仍有很大的市场空间。

另外一个机遇是摩尔定律极限的逼近。芯片制程的发展和性能的提升来源于单个芯片上集成的晶体管数量的增加，在技术上通过不断缩小晶体管尺寸来实现。但晶体管的尺寸存在物理极限，缩小到一定程度会遇到很大的瓶颈，且边际成本将大幅提高。也就是说，领先企业在制程推进上可能快要跑到终点了，这在一定程度上让追赶的难度降低了。

中国首先要意识到芯片产业是个复杂的大生态，要有耐心和定力去把这个生态建设好，某一项或几项技术突破不足以解决这个难题。利用好开源架构是一个很重要的策略,我们可以借助开源架构打破现有的底层规则,并吸引更多的力量来丰富新的生态。

芯片产业具有高度的人才密集属性,并且需要的人才不只是在芯片领域,还涉及精细化工、设备科学甚至量子物理等领域。面对如此多元的人才需求,我们既需要加强基础研究和教育,也需要建立对全球人才有吸引力的工作和生活环境。

此外,建立好的芯片产业生态可能需要无数的未经规划的创新,因此我们一方面需要加大对国产替代的补贴,另一方面则需要利用好市场化机制,充分发挥市场机制和民营企业的作用。

对芯片产业未来的展望

未来全球芯片产业的格局会是什么样子?在目前的国际环境下,未来可能的情况是西方国家占据技术高地,而中国通过逐步建立自主产业链,在成熟制程领域有能力做到自给。

从产业链各环节来看,设计领域将能持续产生大量创新;而制造领域,在目前全球各国都在大力度补贴以扶持本国芯片制造产业链的情况下,需要警惕未来可能会发生的全球制造产能过剩和价格战;此外,芯片制造需求还将带动设备领域的快速发展。

国内的芯片产业在未来很长一段时间内都将处于追赶状态。要实现真正的弯道超车,可能需要等待一些颠覆性技术创新的出现或产业发展赛道的切换,如碳基芯片、量子计算等技术的产业化。这类新技术的发展有可能塑造全新的产业格局。

软件行业的底层逻辑

> 除了技术发展趋势，国内软件行业还有一个大的机遇就是国产化替代。虽然整个软件生态的替代十分困难，但在目前国产化推进和自主可控不断强化的背景下，国内软件企业将有广阔的市场空间。

软件行业是整个 IT 行业的重要组成部分。广义的 IT 行业大致包括三个部分：软件、硬件和数据，IT 行业的演变也主要由这三个因素驱动。

在硬件领域，过去几十年，摩尔定律驱动硬件算力实现了快速增长。从 2013 年至 2020 年，硬件最高算力（以每秒浮点计算次数计）年化增长率约为 44%；同期全球数据量的增长同样非常迅速。据统计，全球数据量从 2013 年起以年均 38.9% 的速度快速增长，2020 年达到了40ZB[1][2]。

软件领域的增长速度则要慢得多。2013年全球约有1820万名软件工程师，2020年这个岗位从业者的数量增长至2690万人，年化增速仅为5.7%。从一些软件企业的生产效率可以看出，软件工程师的软件产出效率基本是恒定的，每天100行左右[3]。所以可以推断，软件的新代码数量的增长率应该在每年6%上下。

一方面，算力和数据在以30%以上的速度高速增长；另一方面，软件的产出能力却受限于软件工程师的数量。如何用有限的软件，配合高速增长的算力，来处理高速增长的数据？人工智能或者大数据分析就成了维持这一体系平衡发展的重要一环。

软件的软与硬

软件是连接用户和硬件的纽带，用户通过软件获得硬件底层的计算能力。软件是个大产业，2020年中国包含信息技术服务在内的大软件产业收入为8.16万亿元，对GDP的贡献高达8%[4]。

软件在经济、科技领域具有重要地位，如果把全球市值最高的20家科技公司做一个分类，其中11家为软件公司（微软、谷歌、Adobe、

---

[1] ZB，计算机术语，代表的是十万亿亿字节。
[2] 数据来自Evans Data Corporation数据库，https://evansdata.com/.
[3] 腾讯技术委员会．腾讯研发大数据报告［EB/OL］．（2018-03-18）［2021-04-15］．https://tech.qq.com/a/20210318/008207.htm.
[4] 数据来自工信部，https://www.miit.gov.cn/gxsj/tjfx/rjy/index.html.

Salesforce 等，此处将互联网企业也归类为软件），7 家为硬件公司（台积电、英伟达、三星等），另外有 2 家软硬件结合的公司（苹果和特斯拉）。顶级的公司往往软硬件都有，但整体而言，软件公司似乎更容易取得更大的用户基数，市值一般也高于纯硬件公司。

除去信息技术服务，软件可以分为应用软件和系统软件。其中应用软件离用户更近，种类繁多的应用软件能够满足用户的各类需求；系统软件（包括操作系统、中间件等，也可以把数据库等支撑性软件算进来）离硬件更近，起着连接应用软件和底层硬件的重要作用，是软件中更底层，也更"硬"的领域。

就软件的"软硬"属性而言，中国的软件行业和美国的软件行业有着鲜明的区别。

首先，美国的头部软件企业要大得多。苹果、微软和谷歌作为有软件属性（操作系统、办公软件、云服务等）的综合性巨头，市值都在 2 万亿美元左右，更纯粹的软件公司如 Adobe、Oracle 和 Salesforce 等公司的市值也在 2000 亿美元以上。而去掉互联网公司，中国最大的几家软件公司，如金山办公、科大讯飞和用友网络，其市值都仅在千亿元人民币量级。

其次，美国的软件公司"硬实力"更强，在全球范围内，底层的操作系统和数据库软件几乎被美国企业垄断。中国的 PC 和手机操作系统市场，基本被微软（Windows）、谷歌（Android）、苹果（macOS、iOS）和 Linux 瓜分。数据库软件领域，Oracle、微软等头部四大厂商均为海外企业，合计占据67％的市场份额①。不过在应用软件端，中国国产化程度明显提升，比如在企业管理软件领域，国内龙头企业用友占32％的市场份额，金蝶、浪潮的市占率也在10％以上。在办公软件领域，金山的WPS也在逐步打破微软office的垄断，目前市占率达到了30％。②　总体来看，中国的软件更"软"，离消费者更近，而美国则掌握着更底层、更核心的领域。

硬件的"软件化"

软件对我们来说是无处不在的，我们常见的软件如手机APP、办公软件、ERP系统等，能够帮助我们处理个人或企业的各类信息问题。但实际上，我们常说的硬件也都很"软"，比如波音787客机有650万行代码，F-35战斗机的系统有2400万行代码，一辆最新开发的汽车中的代码（辅助驾驶、操作系统、车载软件等）则可以高达1亿行。③

一个典型的例子是特斯拉汽车。特斯拉的发展过程中有一个有意思的事件：2014年，Model S因充电插头过热可能引发火灾面临召回，而特斯拉仅通过推送软件升级就解决了这个问题，特斯拉股价在大幅下跌后又大幅上升，因为市场意识到，特斯拉与传统汽车厂商完全不一样，它不仅是一家汽车公司，同时还是一家软件公司。实际上，软件驱动是

---

① IDC．中国关系型数据库软件市场，变革即将到来［EB/OL］．（2022-04-07）［2022-08-29］．https：//www.idc.com/getdoc.jsp？containerId＝prCHC49428722.
② IDC．中国企业级应用软件市场跟踪调研报告［R］．北京：IDC中国，2020．
③ 数据来自information is beautiful，https：//www.informationisbeautiful.net/visualizations/million-lines-of-code/.

整个汽车行业的发展趋势，1950年，软件和电子系统在汽车成本中的占比仅为1%，到1990年这一比例上升为15%，目前的占比已经达到了35%。[1] 我们所感受到的汽车性能的提升，比如更便捷的操作、更高的安全性、更低的能耗和更丰富的娱乐系统等，很多都是通过软件驱动的。

软件行业的竞争逻辑

我们把软件行业的竞争逻辑归纳为三个方面，首先是软件的质量。软件最终是面对客户的服务，所以理解客户需求、开发出软件帮助客户解决问题、给客户好的软件使用体验等，这些关乎质量的方面在软件行业的竞争中非常关键。

其次是成本。软件行业的特点是低边际成本，多卖出一份产品的边际成本几乎为零。而在开发投入中人力成本的占比很高，为什么印度的软件外包开发这么强？低人力成本是最核心的因素。

最后是黏性。大部分软件产品的用户黏性很强，用户的切换成本，比如学习成本、数据迁移成本、网络效应带来的群体切换成本等很高。大部分软件都有强弱不等的网络效应，一旦一个领域内一种领先的软件具备了一定的规模优势，其在成本上就会因为规模效应而有很强的竞争优势，并且在收入端或者说在给用户的价值方面也具备更强的优势，两者叠加，其相对于小一些的竞争对手就可以产生压倒性的优势，从而使得竞争优

---

[1] 中国产业信息网. 2021年中国汽车电子行业发展趋势分析预测：汽车电子成本占比、市场规模不断增长［EB/OL］.（2021-11-12）［2022-08-29］. https://www.chyxx.com/industry/202111/985625.html.

势越来越强。所以从这个意义上讲，软件行业往往会出现先发者优势，因为先发者有机会更早地建立一定规模的网络，这也是很多优秀的软件公司都是几十年"老店"的重要原因。

软件行业发展的三大趋势

趋势一：云计算的发展与软件 SaaS 化，即通过网络提供软件服务。云计算比本地计算成本更低、部署更方便、用户资源使用的扩展性或弹性更好，因此被越来越多地应用在各个行业中。软件 SaaS 化部署是大势所趋，比如软件公司 SAP 的云计算业务营收占比从 2011 年的 3％提升到 2020 年的 30％[1]；金蝶的云业务占比从 2014 年的 7％提升到了 2020 年的 57％。[2]

SaaS 是基于云端的软件服务，打破了传统软件的开发、使用与收费模式，也带来了行业格局的变化与发展机遇，一个典型的例子是 Salesforce 的迅速崛起。Salesforce 是一家基于云平台的 CRM（客户关系管理）软件商，成立 20 多年来，凭借在 SaaS 部署上的先发优势和坚持投入，Salesforce 已成为与 Oracle、SAP 等巨头并列第一梯队的企业服务软件厂商，市值与 Oracle 接近，并且在 CRM 的市占率上甩开了对手。

趋势二：AI 化。随着互联网、物联网、智能驾驶等技术的发展，全球的数据量在持续高速增长。人工智能的特长就是对大量数据进行机器处理。可以预期，在数据量大，需要进行数据挖掘、分析的领域，软件的

---

[1] 数据来自 SAP 公司历年财报。
[2] 数据来自金蝶国际软件集团有限公司历年财报。

"AI＋"发展是必然的。比如前面提到的Salesforce就发布了人工智能平台Einstein，这个平台可以通过收集用户操作的数据自动挖掘相关商业信息，为客户提供预测分析服务，帮助客户更好地了解用户行为，发掘更多的交叉销售机会等。

趋势三：软件国产化。除了技术发展趋势，国内软件行业有一个大的机遇就是国产化替代。在中美贸易摩擦背景下，国家持续在政策、资金等方面对软件行业进行扶持，比如"2＋8"重点领域（党政系统及金融、电信等关键行业）的IT国产化。虽然整个软件生态的替代十分困难，但在目前国产化推进和自主可控不断强化的背景下，国内软件企业将有广阔的市场空间。

云计算的发展对软件的国产替代可能也有帮助作用。以数据库软件为例，传统海外厂商垄断了本地部署数据库市场，Oracle、微软、SAP和IBM四家巨头就占据了接近70％的市场份额。但在公有云数据库领域，国内公司阿里、腾讯和华为等厂商发展迅速，合计市占率超过70％，和本地部署市场形成鲜明的反差。

在操作系统这类系统软件方面，中国公司和美国巨头的差距极大，而操作系统又是整个软件生态的基石，极为重要。从这个意义上来说，华为鸿蒙系统的开发和应用是中国科技界的大事件。操作系统作为底层软件，有着超强的网络效应和用户黏性，要打破原有的生态开发一个新的操作系统是非常困难的。但我们对鸿蒙的发展前景并不悲观，除了软件国产化的大环境支持、华为存量用户形成的初始网络等有利条件，鸿蒙作为一款"全场景"操作系统，有很大机会在蓬勃发展的物联网和智能汽车市场大有作为。

反垄断下，互联网巨头何去何从[①]

> 本文主要讨论针对互联网平台的反垄断，具体回答四个问题：1. 互联网平台的垄断是怎样产生的？2. 政府为什么现在反垄断？3. 反垄断的措施都有哪些？4. 互联网平台应该怎样应对反垄断制裁？

互联网巨头是天然垄断

互联网企业在没有政府的干预下，最终一定会进入垄断状态。这个跟企业的初心没有多大关系，和企业家个人的理念也没有多大关系。像谷

[①] 原文发表在 2020 年 11 月 14 日的《中国新闻周刊》。

歌、脸书、亚马逊、阿里、腾讯等企业都因为在相关领域有着巨大的支配权和定价权，已经形成了某种程度的垄断。

经济垄断可以有多种形式。既可以是天然形成的，就像这些互联网巨头；也可以是通过政府的准入限制，比如部分战略行业，包括银行、能源、电信、航空航天等等。垄断最重要的特点是限制竞争，垄断的反面就是充分竞争。

天然垄断的形成可以是因为地理位置：比如供水、供电公司，对每个城市来说都是刚需，一两家公司就能产生稳定的供给，一旦有公司进入，就会形成天然的垄断，既不可能也不会有充分的竞争。天然垄断更重要的起因是规模效应，也就是企业的平均利润率随着企业规模的扩张而持续增长，企业越大，竞争力就越强，直到赢者通吃。对于传统企业来讲，规模效应主要来自成本端：在单位收入不变的情况下，当企业规模增大，固定成本得以更充分地摊销，就能降低单位成本，从而提高利润率。但传统企业的规模效应往往有一定的限度，当规模扩得很大时，管理成本往往也会增加，这样企业规模就有增长的上限。比如餐饮、影视制作、教育等行业都有这样的特质，所以形不成垄断。而规模效应比较强的行业，像电信、银行、能源，如果一直沿着自由市场的逻辑发展下去，规模效应就会越来越强，自然就会打垮或吞并大多数的竞争对手，进而形成垄断。

互联网企业之所以会形成垄断，是因为它们的规模效应非常强大。消费者在淘宝、天猫上买东西是因为平台上的商家很多，商家们都愿意在阿里平台上开店是因为平台的用户多，而平台用户多会吸引更多的商家……由此形成正向反馈，不断强化。随着平台的规模变大，平台就能够通过分析从买家和卖家处获得的数据，更精准地把卖家和买家撮合起来，进而获得更大的增长。更为重要的是，平台能够通过积累的数据，让平台的参与者对平台产生很强的黏性，让更小的竞争对手没有插足的空隙。由于互联网平台最核心的资产是数据，而数据收集和处理的边际成本几乎为零，这样一旦平台做到第一名，往往会一骑绝尘，把其他竞争对手都远远地甩在后面。更为关键的是这种优势一旦确立，其增长性是没有节制的。互联网带来的流量（或者说对用户的黏性）不仅可以做电商，也可以做云计算、搜索、视频、游戏、餐饮，不胜枚举，几乎无所不能。这种特性在传统商业领域从来没有出现过：一般情况是每一家企业只能在一个或几个行业做好，跨界带来的更多是失败。而互联网巨头却非常善于跨界。如果没有监管，所有需要触达消费者的行业，可能都会被互联网巨头完全控制住。

当然，互联网巨头之间也有竞争。脸书的兴起自然会打击谷歌的广告生意，微信的扩张使微博黯然失色，抖音在全球的迅速崛起是个奇迹，让全球的互联网老兵们都目瞪口呆。但这些都是互联网巨头之间的竞争。传统产业在互联网巨头面前几乎是毫无还手之力。做"互联网＋"很容易，做"＋互联网"却难上加难。

反垄断的理由

实际上，规模效应，包括互联网巨头所体现出来的这种超级规模效应（也叫网络效应），其本身并不是坏事，而是好事，因为经济效率可以随着规模的扩大而提高。消费者、商家都愿意上淘宝、天猫，最重要的原因是相对于传统的线下交易，消费者在电商平台上能更轻松地找到自己想要的产品，搜索成本和物流成本相对较低；而卖家也可以通过电商平台更高效地找到客户。绝大多数中国人都用微信是因为这个超级应用给大家带来了无与伦比的社交体验。试想,如果哪天微信出故障不能用了,大家会是一种怎样的体验?

从这个意义上讲,互联网企业参与实体经济的竞争是完全符合经济规律的。线上电商对线下实体零售形成竞争压力;互联网自媒体对传统媒体产生颠覆性的影响;微信取代电话和短信,这些都是社会的进步。借助于IT技术,老百姓的生活变得更加高效、方便。互联网企业甚至可以去卖菜、卖饭、送咖啡,进入这些大家认为没有技术含量的"低端行业"。只要它们能提高这些行业的效率,从整体上讲,就是推动社会进步的好事。当这些行业的效率提高了,社会就能腾出人力、物力用到更需要的地方去,这样经济才能增长,国家才能富强。

如果互联网巨头运用其规模优势抑制竞争、扼杀创新,那么它们的作用就是负面的。第一种行为是垄断式定价。由于用户对互联网企业有很强的黏性,而且互联网企业有用户的精准画像,它们可以对不同的客户设置不同的商品价格。越忠实的用户,画像越精准,商品价格越高。这种"杀熟"的做法不仅在道德上说不过去,而且在经济上是在获取"垄断租金",是典型的垄断行为。第二种行为是大量使用排他协议:你要想跟我合作就不能跟我的竞争对手合作,或者,我的平台上不允许出现竞争对手的产品或服务。对于一般规模的企业,这种排他行为是没有问题的,但对于上了规模的互联网巨头,由于它们的系统性影响,这种排他行为实际上是在扼杀创新、降低整体经济的竞争力和活性,对社会是有害的。第三种是互联网巨头对创新、创业企业的强取豪夺:创业小公司找到巨头谈合作,巨头看上了创业公司,要么偷了人家的技术或模式自己去做,要么以此为威胁逼着创业公司出让股份甚至控制权。这种行为让创业公司不得不在发展到了一定程度时就必须找靠山、抱大腿，从而失去了原创性、独立性。

政府如何应对垄断

对于经济垄断，政府的介入是必然的。一种常见的方法是限制价格歧视。比如水、电、煤气公司，它们的产品定价并不是随着市场供求关系的变化上下浮动，而是在成本的基础上附加一个政府同意的"合理利润率"。当然，它们更不能按照"用户画像"，对用户不一视同仁。第二种方法是把垄断的巨头强行分拆，让分拆后的公司进行更加充分的竞争。我国的电信行业、航空业、能源行业都运用了这种方法。第三种方法是运用行政或法律手段对巨头的垄断行为进行管理。例如，欧洲对美国互联网巨头开出的一系列罚单就是这种方法的体现。

我们如果仔细研究下，不难发现，由于巨大的网络效应，互联网巨头的垄断性实际上是显而易见的。在互联网领域，反垄断的呼声早就有，而且非常普遍。我个人在商学院有一节课叫"互联网的核心经济原理"。多年来，我一直强调的就是互联网企业的网络效应及其可能导致的垄断。我常把互联网巨头的增长性比喻成癌症，因为在没有外力的控制下，它们的增长是没有上限的。

为什么各国政府都迟迟没有动作，来限制互联网巨头对经济的负面影响呢？

一个可能的原因是这种垄断性判断只是个理论推断。在互联网发展的早期，如果不深入研究和理解，人们很难相信这种看似耸人听闻的预测。

政府监管部门在没有足够数据的情况下，为了鼓励创新，当然不能贸然出手。

第二个很重要的原因是互联网巨头的垄断实际是全球性的。中国的互联网公司目前主要做国内的生意，而美国的巨头一大半的收入和利润都来自国际市场。互联网巨头之间的竞争在很大意义上体现了国家和国家之间的竞争。美国当然希望美国企业统治世界，中国当然希望中国的企业也有一席之地。在这种背景下，即使互联网巨头在本土已经产生了很明显的垄断性，本国政府也不会对它们太过限制，因为怕损害它们的国际竞争力。欧洲就不一样了。因为欧洲没有本土的互联网巨头，所以它就率先对这些来自国外的互联网巨头下手，开始反垄断，开罚单，征收数字税[①]。中美为什么也会在最近一两年迅速走上反互联网垄断的道路？最重要的因素可能是世界各国"数字主权"的兴起，没有国家希望自己的信息市场被外国巨头完全支配，抵制国际互联网巨头成了一种新潮流。

第三个原因是小微企业、老百姓对互联网态度的转变。互联网发展的初期，由于新技术的应用，效率极大提高，似乎所有的平台参与者都能分到科技进步带来的一杯羹。但随着时间的推移，互联网企业越做越大，没有任何停止的迹象，但平台的小微参与者却发现自己的这杯羹少得可怜。互联网平台最有价值的资产是数据，但数据的贡献者却一分钱也分不到。"让天下没有难做的生意"实际是"让天下所有人都离不开我"。当然，绝大多数互联网巨头的领导者都有心做好事，想"把世界变得更加美好"，

---

① 数字税，即数字服务税，是欧洲联盟对大型互联网企业的征税规则。——编者注

但对资本的承诺，每个季度的业绩压力，使很多人最后身不由己，不知不觉会把自己平台的垄断性发挥到极致。这样，自然就会引起整个社会的反弹。

在反垄断压力下，互联网巨头该何去何从

政府和老百姓可能对互联网企业有一个很大的误解，认为互联网巨头从一开始就有"统治"世界的野心，而且每一步都是胸有成竹地向这个目标迈进。实际不然。互联网企业实际非常"朴素"，和传统企业一样，最担心的也是怎样才能活下来，多活几年。自己颠覆了别人，但最好不被别人颠覆。IT行业遵循摩尔定律，变化比任何一个行业都快，一不小心，今天的霸主明天就可能灰飞烟灭。在互联网兴起的二十年里，互联网领域失败的企业数不胜数。所以，这种焦虑和恐惧是可以理解的。

由于成长太快，互联网巨头就像是没来得及长大的孩子。社会看到的是垄断性的巨头，但巨头本身觉得自己还是小人物，还在创业。这是一个巨大的认知落差。当一个企业，收入过了千亿，市值过了万亿，如果还觉得自己是个创业公司，需要社会的各种包容是不合适的。如果企业的规模大到能对社会产生系统性影响，这个企业也必须从企业的个体思维转变为社会的整体思维。

互联网巨头最需要思考的应该是如何平衡自我利益与社会利益，至少要考虑如何让所有的平台参与者都通过平台合理获利。这里的参与者不仅包括中小企业，也包括老百姓。所有对平台有贡献的参与者都应该获得某种补偿。只有所有的参与者都获利了，平台才有持续性。所以，前面讲到

的所有垄断行为都是不可取的。水能载舟，亦能覆舟，古人早就知道这个道理。

互联网巨头需要思考的第二个问题是如何平衡自我利益与国家利益。具体来讲，就是如何通过自己的努力帮助国家达到国家的战略目的。自己的商业目的和国家的战略目的重合度越高，自己能获得的政府支持就越长久。一切都可以谈，有话好好说。

最后，互联网巨头需要意识到世界格局正在发生根本性的改变。"数字主权"是所有主权国家自然而然的渴望。因此，"统治世界"这种想法是万万不可取的。更可行的思路是通过技术参股的形式为数字经济欠发达地区赋能，在发展其他国家本土的主权数字经济的基础上分一杯技术和资本之羹，实现长期可持续发展。简单地说，如果中国的互联网巨头能帮助欧洲和东南亚这些数字经济相对落后的地区发展数字经济，而不是直接控制这些市场，那么中国的互联网巨头在商业上胜出的概率可能会更大。

总之，互联网巨头需要未雨绸缪，提前布局。既然公司的增长这么快，企业的掌舵者就不能一辈子当小人物，整天想着"七剑下天山""笑傲江湖"，而是得有一些忧国忧民的情怀，"先天下之忧而忧，后天下之乐而乐"。没有这种心态上的改变，最终可能会走火入魔，自废武功。

新能源汽车行业：是颠覆还是泡沫[①]

2020年，全球掀起了一场新能源汽车对传统燃油车的替代运动，与迅猛的销售增速相匹配的是造车新势力公司急速飙升的股价。本文试图解释新能源汽车对汽车行业的颠覆性改造，并预测新能源汽车行业未来的变化格局。根据我们的分析，新能源汽车对传统燃油车的替代是根本性的，有巨大空间，但造车新势力的股价过高，没有体现出新能源汽车领域激烈竞争的行业格局。

---

① 本文与研究员陈宏亚合著，发表在2021年1月14日的《中国新闻周刊》。

新能源汽车是2020年的商业奇迹

2020年,尽管全球经济受新冠肺炎疫情影响大幅萎缩,但新能源汽车行业却逆势增长,2020年1月至11月,全球新能源汽车销量同比增长30%,销量排名第一的特斯拉增长34%。如果把时间线拉长至2015年,在这短短5年间,全球新能源汽车年销量以42%的速度增长,特斯拉增速达到58%[1]。

不仅如此,以特斯拉为代表的造车新势力的股价在过去一年里一飞冲天。特斯拉一年之内市值涨了7倍,目前大约是6300亿美元,超过6家传统汽车制造商(丰田、大众、通用、现代、福特和宝马)市值之和。作为造车新势力,蔚来也从2019年濒临倒闭的处境中涅槃重生,在一年多时间里市值涨了20多倍,目前市值已经和奔驰、宝马不相上下。

这么高的估值是否合理?目前,多数造车新势力尚未盈利,特斯拉净利率是2%,比亚迪是3%,蔚来和小鹏则是亏损56%和81%[2],需要注意的是,特斯拉有一项很重要的收入叫碳排放交易收入。在美国和欧洲,政府要求传统车企必须满足碳排放标准,汽车制造商可以通过销售新能源汽车或购买其他厂商富余的碳排放配额来满足要求。特斯拉因为生产的全部是新能源汽车,所以可以通过卖碳排放配额来获取收入,目前这个碳排放交易收入占特斯拉营业收入的比重是4.7%[3],这意味着,如果没有这项

---

[1] 新能源汽车销量数据来自 https://ev-sales.blogspot.com/。
[2] 数据来自 Wind 数据库。
[3] 特斯拉碳排放额度收入占营业收入比重数据来自 Bloomberg 数据库。

结构性思维：解决复杂问题的方法论

收入，特斯拉也是亏损的。

造车新势力亏损的重要原因在于它们正在做大量研发，并且研发强度很高，从2015年至2019年，特斯拉研发支出占营业收入的比重是8%，比亚迪是4%，蔚来是64%，小鹏是135%，传统车企中的大众是5%。然而如果对比造车新势力和传统车企的研发支出绝对额，新势力则相形见绌，特斯拉为67亿美元，比亚迪为36亿美元，蔚来为21亿美元，小鹏只有4亿美元，而大众是783亿美元①。

目前特斯拉的市销率（市值除以销售额）是22倍，小鹏和蔚来更高，分别为57倍和38倍；而传统车企一般都低于1，其中丰田的估值最高，但也只有1倍。对于这种估值状况，我们认为只有两种可能性：一是以特斯拉为代表的造车新势力将全面取代丰田等旧势力，重演当年苹果、谷歌打败诺基亚、爱立信的历史；二是造车新势力的价值被严重高估。

哪种解释更符合现实呢？这里面有三个问题需要考虑：第一，新能源汽车本身的成长性如何？即新能源汽车能不能取代传统燃油车，如果不能，那么，目前的高估值无疑是一个巨大的泡沫；第二，如果新能源汽车将来会替代燃油车，那么市场如何分割？将来的市场是由以特斯拉为代表的造车新势力垄断呢，还是传统车企也都能从中分一杯羹？第三，新能源汽车领域的核心竞争因素是什么？第二和第三其实是两个相互关联的问题，只有弄清楚新能源汽车的核心竞争因素，才能判断新、旧造车势力谁更有优势。

---

① 数据来自Wind数据库。

新能源汽车必然替代燃油车

我们先看第一个问题，新能源汽车能否取代燃油车。答案是肯定的，无论从技术层面、成本层面，还是政策层面，我们预计在未来 20 年内，燃油车在相当大概率上将被新能源汽车基本取代。

促进新能源汽车向前发展最重要的推动力是世界各国对于全球气候变化的共识。解决全球气候问题是一个极其庞大、复杂、昂贵的工程。在交通领域，用新能源代替化石能源是其中至关重要的一环。无论哪种新能源，都得转化为电能才能被消费者利用。因此，新能源汽车一定是电动汽车。当然，储能媒介不一定是锂电池，也可以是氢气。目前各国政府推动新能源汽车发展的决心和力度是空前的。我国要求到 2025 年，新能源汽车新车销量占比达到 25%，挪威要求到 2025 年 100% 销售新能源汽车，几乎所有主要国家都要求车企在未来 20 年之内将燃油车替换成新能源汽车（仅指销售而不是存量）。

政府要推动新能源汽车的发展，最简单且最直接的办法是通过补贴政策鼓励新能源汽车的生产和销售。但从长远来看，这个行业要发展，最重要的是获得消费者的认可。消费者的痛点主要有两个：成本和里程焦虑。里程焦虑又可以拆解为两个问题：续航里程和充电桩的普及性。

经过这几年的科技进步，电动汽车的续航里程有了质的飞跃。据工信部统计，特斯拉中国 Model 3 的续航里程目前是 468 公里，国内其他纯电动乘用车平均续航里程也已经达到 400 公里，400 公里的续航里程意味着来回各 200 公里，基本可以满足城市内部的通勤需求。下一代电池技术固

结构性思维：解决复杂问题的方法论

态锂电池目前正处在从成熟技术到产业化的过渡阶段，市场预期2025年左右固态锂电池将实现商业化量产，届时整车续航里程将翻倍。

与续航里程相比较，充电桩的普及性问题实际更容易解决。根据国际能源署（IEA）统计，截至2019年，全球范围内充电桩数量约为730万个，新能源汽车存量（含BEV和PHEV）约为720万辆[1]。充电桩的建设难度并不高，只要政府下定决心，一定能满足需求。特别是对中国这样一个基建实力雄厚的国家，目前，无论是公共充电桩还是私人充电桩，中国都遥遥领先，占全球充电桩数量近40%。

新能源汽车最核心的问题是价格或成本。在自动驾驶技术尚未成熟的当下，新能源汽车和传统汽车的最主要区别是动力系统。传统燃油车的动力系统是发动机和变速箱，两者占整车成本约30%；新能源汽车动力系统是电池电控，占整车成本约40%。相比发动机、变速箱历经上百年技术改进，锂离子电池自发明至今，不过数十年时间，之前主要被运用于消费电子产品，近年来才在新能源汽车上大规模使用。因此，一开始，电池成本很高。但随着科技进步和规模的快速增长，电池成本下降得非常快，无论是三元锂电池还是磷酸铁锂电池，每年都以近20%的速度下降，与此同时，电池的能量密度也显著提高，从2010年至2020年，大约提高了3倍（年均提高12%）。

根据德勤对英国的一项研究[2]，预计到2024年，即便没有政府补贴，英国以电池为动力的电动汽车的成本也将与传统燃油汽车持平。中国也是

---

[1] 数据来自IEA，https://www.iea.org/reports/global-ev-outlook-2020.

[2] 德勤. 未来移动出行的动力源泉—氢能源及燃料电池交通解决方案[R]. 北京：德勤中国，2020.

类似情况。2020年,特斯拉中国Model 3标准续航版一再降价,从37万降到27万,除为了满足工信部新的补贴条件①,更大的底气来自造车成本的下降。

所以,总结下来,从技术、政策、成本的角度来讲,新能源汽车完全有希望在不久的将来替代传统燃油车。2019年全球汽车(含乘用车和商用车)总销量约为9000万辆,从1961年至2019年,汽车销量的年均增速约为3%。由于汽车消费取决于人均收入水平,而人均收入的年均增速大约是3%②,我们相信,人均收入水平和汽车销量今后也会继续维持这个水平的增速。因此,到2040年,新能源汽车的总体市场规模将是每年1.6亿辆车,是一个规模极其庞大的市场。

新能源汽车市场会是怎样的竞争格局

新能源汽车市场这么大,将来是像IT行业一样被几家寡头垄断,还是像目前的汽车行业一样,基本是百花齐放的充分竞争局面?瓜分市场的将是造车新势力,还是新、旧势力共享?在我们回答这些具有前瞻性的问题之前,先来看看当下的新能源汽车市场。

全球新能源汽车销量主要分布在中国(约占53%)、欧洲发达地区

---

① 2020年4月23日,工信部发文延长补贴支持政策,此次政策要求新能源乘用车补贴前售价须在30万元以下(含30万)。
② 全球乘用车和商用车销量数据来自国际汽车制造商协会(OICA),https://www.oica.net/category/sales-statistics/;全球人均收入数据取自世界银行的人均GDP增速,长期来看,人均收入增速和人均GDP增速是非常接近的。

(26％）和美国（14％）。统计不同品牌新能源汽车在三个区域 2015 年至 2020 年的累计销量，我们发现一个有趣的现象，就是各国偏好本土品牌。具体来说，在中国销量排名第一的是比亚迪，占比为 17％，特斯拉位居第五；在欧洲卖得最好的两家是宝马和大众，特斯拉位居第三；特斯拉仅在美国排名第一，占比为 37％，其次是通用雪佛兰（15％）。自特斯拉 2019 年在上海建立超级工厂后，其销量在中国猛增，2020 年前 11 个月，特斯拉占我国新能源乘用车销量的 12％，然而，不仅是特斯拉，其他外资品牌也在发力，上汽通用五菱占 9％，大众占 5％，宝马占 3％，位居第一的依然是比亚迪，占 16％，蔚来、小鹏、理想等国内造车新势力合计约占 9％[1]。

新能源汽车之所以能出现这种百花齐放的局面，在很大程度上是因为其制造难度比传统燃油车要小很多。目前新能源汽车最核心的技术仍然是电池，然而无论是造车新势力，还是传统车企，大都没有能力制造电池，2019 年全球动力电池装机量的前四名分别是宁德时代（28％）、松下（24％）、LG 化学（11％）和比亚迪（10％），只有比亚迪一家是汽车制造商。这样，对车企来说，制造汽车就变成外购电池，制造驱动、传动系统以及制造车身底盘等环节，与传统燃油车复杂的发动机制造相比，新能源汽车绕过了技术上最困难的一个环节。

和制造传统燃油车不同的是，制造新能源汽车的门槛其实很低。目前新能源汽车行业的整体表现说明带领一家新能源汽车公司获得成功并不需要神人级别的企业家。因为技术上的突破，造车的门槛降了一大截。所

---

[1] 各国新能源汽车分品牌销量数据来自 https：//ev-sales.blogspot.com/.

以，新能源汽车特斯拉可以造、理想可以造、奔驰可以造、大众也可以造。除了传统车企，像苹果、谷歌、百度、华为、阿里、腾讯等科技巨头，实际都有能力在现有产业链的基础上造出消费者喜欢的新能源汽车产品。这就像手机行业，只要有了开源的操作系统，很多企业就可以制造出性能不错的手机。

和手机行业不同的是，由于造车新势力获得的市场份额完全来自传统车企丢失的市场份额，因此传统车企一定会不惜一切代价保护自己的"一亩三分地"。事实上，目前除了几家日本车企由于希望推广基于氢能源技术的新能源汽车，目前还没有力推以锂电池为基础的新能源汽车，全球规模较大的传统车企几乎都已经在汽车电动化方面进行了非常宏大的布局，其产品会在今年和明年集中上市。如果像苹果、华为这样的科技巨头也加入这个市场，我们看到的将是史诗级的自由竞争状态，而在充分竞争的市场是不容易赚钱的。

特斯拉会不会成为汽车市场的苹果

特斯拉显然是新能源汽车市场的领头兵，而新能源汽车市场是一个有巨大潜力的蓝海市场。目前，特斯拉年销量占全球新能源汽车销量的16%，假设它今后能维持20%的全球市场份额，到2040年全球汽车销量约为1.5亿辆，特斯拉年销量就会是3000万辆，年均增速为24%。这种假想和苹果在智能手机行业的情况有些类似，苹果的市占比虽然持续下滑，但也能达到15%，而这15%的市场份额就足以支撑一家市值两万亿美元的公司。现在的问题是，特斯拉能不能成为汽车市场的苹果？

我们认为，这种可能性很小。苹果能成为市值两万亿美元的巨头，和它的产品性质有密切的关系。在手机市场里，苹果从很多角度看都不是最有竞争力的。如果看软件，安卓占了百分之八十几的市场份额，碾压苹果。如果看硬件，华为、三星、小米的销量都大于苹果。人们往往愿意讲苹果如何通过 iPhone 的崛起一举击败诺基亚，然后独霸智能手机行业的故事，但忽略了后来苹果无论在硬件还是软件的市场份额上都被其他公司超越的事实。苹果之所以被超越，是因为它是一个封闭的体系：自己的硬件、软件、生态。它之所以能成为最有价值的企业，是因为它能在既有的高端客户身上赚取高额的利润。

那为什么苹果的用户不会因为苹果高昂的价格而改用其他品牌的产品呢？苹果的高品质当然是一个重要的原因，但更重要的是用户对像手机、电脑这样的产品有极大的黏性。虽然华为、三星的手机很好，但很多苹果用户不愿意转换，因为他们对 iOS 操作系统已经很熟悉，换手机就要学习如何使用新的操作系统；如果电脑、手表也是苹果的，那换起来就更加困难；最重要的可能是数据和内容，苹果用户常年积累下来的数字资产都是基于苹果系统的，换个平台会带来很多的麻烦。这种强有力的用户黏性是信息产品独有的。如果苹果的产品没有用户黏性，更多的人会抛弃苹果而选择性价比更高的安卓手机，苹果的市占率会更进一步地下降，市值也会随之大幅下跌。

汽车行业基本没有用户黏性。开奔驰的人在换车时可能更想买宝马。买了特斯拉的人不见得第二辆车也非得是特斯拉。汽车是一个非常个性化的产品。续航里程、加速度都是硬指标，但不是全部。人们对外观、内饰、减震、颜色、声音的喜好往往因人而异。不知大家有没有注意到，虽然品牌繁多,但是大家用的手机从远处看都差不多,不同的是手机里的应用。但车就不同,满街的车各有各的特色,如果别人都买黑色的,我可能就更想要红的;别人都是特斯拉,我可能就更倾向于蔚来。所以说,虽然特斯拉和苹果一样,都是各自行业里的领军者,但不同的是特斯拉的产品并没有用户黏性,因此要面对持续的竞争压力。任何有巨大投资价值的公司都得有很深的护城河。没有用户黏性的特斯拉很难说已经建立了这样一条护城河。

有人说特斯拉的护城河是它的自动驾驶系统。特斯拉的自动驾驶系统虽然领先,但到目前为止,还远没有达到L5,更不要说统治市场了。自动驾驶是交通领域的"圣杯",哪家公司能"问鼎天下",还要画一个巨大的问号。

造车新势力的股价泡沫有多大

既然新能源汽车和IT行业不同,没有很强的用户黏性,那么这个行业的竞争一定是充分的、完全的。行业格局也会是百花齐放,而不是一家独大。有技术能力的传统车企一旦转入新能源领域,会做出一样甚至更优秀的产品。有人问,当年诺基亚、爱立信为什么没赶上智能手机这趟车?原因很简单,智能手机实际不是传统意义上的手机,而是移动电脑,属于电脑的移动化。诺基亚、爱立信是通信公司,当时没有能力做电脑,更不要说做移动电脑了。再者,一旦苹果、安卓建立了标准,产生了用户黏性,其他系统要打破它们的垄断就会难上加难。这个问题目前在新能源汽车领域并不存在。

结构性思维：解决复杂问题的方法论

在谈论新能源汽车的时候，我们需要意识到的是汽车的制造逻辑已经发生了根本性的改变。由于新能源汽车的动力系统比起燃油汽车已经大大简化，所有的硬件和软件实际上都可以外包，汽车制造厂最重要的事情是做设计，然后集成。这一点和智能手机非常相似。在智能手机领域，真正的巨头只有三种企业：操作系统公司（谷歌、苹果）、芯片公司（高通、ARM）、代工制造公司（富士康、台积电）。市场份额最大的企业是用开放的体系来服务所有有需求的客户。而苹果是个特例，其逻辑前面已经讲过。

目前看来，智能汽车行业有三个关键要素，一是电池，二是软件，包括自动驾驶系统，三是集成制造。其中，电池相当于汽车的芯片，是最主要的零件。所以，我们说哪家企业能够用开放的态度在电池、软件或代工制造领域一统天下，它就会变成新能源汽车领域的巨无霸。要做成这样杰出的企业，开放是关键中的关键。只有开放，才可能占据较大的市场份额。要开放，就不能做产业链的整合，自己什么都做，因为客户会担心商业秘密的泄漏。比如比亚迪，电池很好，但打不开市场，只能自己用。这是因为造车客户害怕比亚迪通过合作获得自己在造车领域的商业秘密。同样，百度一旦开始造车，其Apollo（阿波罗）平台就没有可能变为行业的标准。安卓系统能在智能手机领域占据百分之八十以上的市场份额，和它的开放性息息相关，也和谷歌自己不大量生产手机密不可分。

用前面这个逻辑来分析，新能源汽车领域已经涌现出的巨头就应该是像宁德时代这样，和车企没有关联关系的电池专业户。在软件和代工制造领域目前还看不到哪家公司已经有了压倒性优势。

以特斯拉为代表的造车新势力，虽然领跑新能源汽车行业，但人们对其商业模式、核心竞争力以及将来的成长性表示担忧。股价和基本面极其不符，因此是个巨大的泡沫。

为什么会产生这样的泡沫？我们认为最重要的原因是投资者没有理解上述新能源汽车市场的经济学逻辑。另一个原因是2020年"双碳"目标的提出让多年持怀疑态度的投资者突然意识到新能源汽车的可行性和长期巨大前景。投资者的误区是没有意识到新能源汽车这块巨大的"蛋糕"将会被诸多车企分享，而不是被走在最前端的几家创业公司垄断。

马斯克是一个极其了不起的人，他的梦想是改变世界，解决全球气候问题。从某种意义上讲，他已经成功了。他用特斯拉做了一个很好的示范，告诉全世界新能源汽车不仅对人类有利，而且会变成人们喜爱的产品。这个示范使得整个汽车行业发生了天翻地覆的变化，但改变世界并不意味着一定能给自己带来万亿级的商业价值。就像牛顿、爱因斯坦，他们给人类带来知识，可以说没有他们就没有现代社会，但他们给自己带来的商业价值其实微乎其微。价值的产生和分配是两个不同的过程，其中，竞争格局是决定分配的关键因素。

新能源汽车估值泡沫何时会破[①]

> 这是我对新能源汽车行业的第二篇分析文章。本文根据新能源汽车的底层逻辑做了以下三个预测：第一，新能源汽车行业将会迎来爆发式增长；第二，造车新势力无法独占市场，传统车企也有一席之地，所以市场份额在短期内不可能集中；第三，造车新势力股价被高估，泡沫将在一两年之内破裂。在文章发表后的一年内，新能源汽车行业销售增长率超过100%，但头部企业的市占率降低，特斯拉、小鹏股价下跌20%，蔚来股价下跌50%。基本符合预测。

2020年，特斯拉卖了近50万辆车，略微盈利，市值大约是6700亿

---

① 本文发表在2021年1月20日的《第一财经》。

美元,是丰田、大众、通用、现代、福特和宝马之和。蔚来卖了不到 5 万辆车,大幅亏损,市值却有 900 亿美元①,是通用和福特之和。特斯拉如果不能转让碳排放指标,实际和蔚来一样,都是不盈利的。而传统车企每年的汽车销量都在 600 万到 1000 万辆之间,毛利率一般为 15%~20%,净利润率在 3% 左右②。

巨大的市值差距如果不是因为新能源汽车的估值泡沫,就只能是市场认为像特斯拉和蔚来这样的造车新势力会彻底取代像丰田和 BBA③ 这样的传统车企。为什么这么说?因为全球汽车行业的整体规模是有限的,每年大概是 9000 万辆,销售额大约为 2 万亿美元,增长速度大约是每年 3%④。由于汽车行业的增长和人均收入增长息息相关,而人均收入增速很难突破 3%,因此汽车行业的整体增速也很难突破 3%。如果维持目前的市场结构,净利润率是 3%,那么就只能支撑大约 1 万亿美元的市值,市销率是 0.5 倍,市盈率是 16.7 倍,和汽车行业的历史估值水平相符。但目前以特斯拉为代表的一众造车新势力加起来的市值已经和整个汽车行业的估值水平非常接近,因此,如果这些估值合理,那就意味着造车新势力得完全取代传统车企。有没有这个可能?

在《新能源汽车行业:是颠覆还是泡沫》一文中,我们阐述了为什么造车新势力不可能完全取代传统车企。最核心的原因是新能源汽车行业和

---

① 数据来自 Wind 数据库。
② 数据来自各车企历年财务报告。
③ 指的是奔驰、宝马、奥迪这三个汽车品牌。——编者注
④ 数据来自 IHS Markit 数据库,https://ihsmarkit.com/products/automotive-light-vehicle-sales-forecasts.html.

结构性思维：解决复杂问题的方法论

IT行业、互联网行业的逻辑是不一样的：互联网行业因为有用户数据的沉淀，产品有很强的用户黏性；而汽车的数据沉淀是属于机器的，没有用户黏性。因此像苹果、谷歌这样的互联网公司，一旦跑到行业的前列，依靠用户黏性就能长时间保持优势，获得高利润率，甚至产生垄断；但汽车行业因为没有用户黏性，今天你领先了，立即会招来众多竞争对手的强力竞争，从而会失去一些市场份额，所以像丰田这样成功的车企，目前的市场份额也就10%左右。

新能源汽车领域不仅看不到任何赢者通吃的垄断迹象，它的竞争激烈程度似乎还远超传统汽车领域。有了合适的动力电池，新能源汽车的动力系统远比传统的发动机、传动器简单，在很大程度上降低了造车的门槛。因此不仅造车新势力能做新能源汽车，像苹果、谷歌、华为、百度这样的科技巨头也都能做，传统车企自然也能做。事实上，最近已有消息说百度要造车，苹果要造车，连索尼都把样车造出来了。从总体上讲，电池动力给汽车行业带来了诸多改变：对社会来说，是减少碳排放、解决污染问题；对消费者来说，是不一样的驾车体验；对造车新势力和IT巨头来说，是新的市场机会；对传统车企来说，是失去了一条最大的护城河，即百年积累下来的燃油发动机技术。

汽车行业的未来在新能源。传统车企为了能活下来，一定要在新能源领域拼死一搏。动力系统的转换让它们失去了一个天然的竞争优势，但并不是说它们就失去了所有服务市场的能力。新能源汽车的生产有三个关键点：电池电机、电子系统、造车工艺。由于电池大都是由宁德时代、松下等第三方供应商提供，造车新势力的主要优势（如果有）是在电子系统上。但新能源汽车归根结底是辆车，在造车工艺上，传统车企是有绝对优势的。特斯拉自己建工厂，造出来的车是大毛病没有，小毛病百出；蔚来和一些其他造车新势力干脆把制造环节都外包了，自己只管设计、软件、集成。因此，从总体来说，传统车企和造车新势力在制造新能源汽车的综合能力上可以说不相上下，各有千秋。对于第一梯队的传统车企来说，它们完全有能力制造出和特斯拉一样炫酷的新能源汽车。就目前的规划来看，中国车企、德国车企大举进军新能源领域，美企紧跟其后。日企保守些，但在油电混动以及氢能源领域实际非常领先。

按照上述逻辑，如果在新能源领域各大车企基本具有类似的竞争力，那么随着IT巨头和造车新势力的进入，传统车企的拼死抵抗，最后的结果一定是市场份额的重新分配，每家车企，无论新旧势力，会占据比以前更小的市场份额。以前的造车巨头可以每年卖千万辆车，将来很可能会减半。当然，技术落后的公司会被淘汰。

造车新势力在资本市场的估值实际上存在巨大的泡沫。2020年，这些企业的估值飙升源自市场终于在几年的怀疑之后认识到了新能源汽车的可行性和历史必然性。从中国到欧洲再到美国，消费者对新能源汽车的看法已经发生了巨大的转变。但市场的失误在于没有意识到汽车行业与IT行业在本质上的区别：特斯拉不是汽车行业的苹果，而是没有用户黏性的苹果，因此更像是功能手机时代的诺基亚。汽车行业的竞争将是极其残酷的，不是赢者通吃，而是群雄割据。特斯拉确实是新能源汽车领域的佼佼者，但很快大家就发现蔚来、小鹏、理想、比亚迪、大众、宝马都不错……所有第一次开特斯拉的人都会惊叹其跑车一样的加速能力，但没有意识到所有的高端新能源汽车实际都能提供同样或类似的体验。

如果说造车新势力的股价里含有巨大的泡沫，那么泡沫什么时候会破？对资本市场的任何预测都充满了风险，因为有太多的不确定因素。但如果我们沿着本文的逻辑，当资本市场意识到新能源汽车市场将是一个充分竞争的、低利润率的市场之时，就是估值泡沫破裂之日。未来几年，所有的新能源汽车产品都会有高速的增长，这是大势所趋，因此增长率本身不但不会刺破泡沫，反而会为高估值提供支撑。真正关键的是每家企业的市占率。目前，由于造车新势力的先发优势，大部分新能源汽车的销量都来自这些公司。但随着更多玩家的进入以及传统车企的转型，排名前列的车企就会因为竞争压力而失去市场份额。当竞争白热化时，大量车企可能无法盈利，以零利润甚至负利润来推动销售、保持市场份额。这时，如果市场清醒过来，泡沫就破了。那到底需要多长时间呢？目前看来，最多一年到两年时间吧。